Kaarsen & potpourri

Kaarsen & potpourri

SFEER SCHEPPEN MET LICHT EN GEUR

Catherine Bardey

Met foto's van Zeva Oelbaum

KÖNEMANN

Oorspronkelijke uitgave:

Black Dog & Leventhal Publishers, Inc., New York
151 West 19th Street
New York, NY 10011

Oorspronkelijke titel: *Making Candles & Potpourri*

Tekst: Catherine Bardey
Ontwerp 27.12design, Ltd.
Studio fotografie: Zeva Oelbaum

Könemann Verlagsgesellschaft mbH
Bonner Straße 126, D-50968 Keulen

Productie Nederlandstalige uitgave:
Studio Imago, Amersfoort
Vertaling: Erica van Rijsewijk (voor Studio Imago)
Productiecoördinatie: Ursula Schümer
Projectcoördinatie: Lieve De Scheerder
Druk- en bindwerk: Kossuth Printing House Co.

Printed in Hungary

ISBN: 3-8290-6749-6
10 9 8 7 6 5 4 3 2 1

Inhoud

DEEL I: *Kaarsen*

DEEL II: *Potpourri*

DEEL 1

Kaarsen

Geschiedenis

De kaars, een van de eerste lichtbronnen, heeft in de geschiedenis een belangrijke rol gespeeld. Zonder de kostbare vlam die binnenshuis ook laat op de avond nog licht bracht, zouden er misschien geen filosofische verhandelingen zijn geschreven, zouden natuurkundigen die op het punt stonden een ontdekking te doen hun formules hebben verhaspeld, en zou er na zonsondergang niets meer te beleven zijn geweest. Bewijzen dat er kaarsen, of vergelijkbare lichtbronnen zoals toortsen en vuurmanden hebben bestaan, gaan tot wel 3000 v.Chr. terug. In de loop der eeuwen hebben kaarsen de muren van vorstenpaleizen gesierd, een belangrijke rol gespeeld bij religieuze plechtigheden, en straten en winkels verlicht. Men gebruikte kaarsen zelfs om er het verstrijken van de tijd aan af te meten: nog maar krap een halve eeuw geleden werden kaarsen in steenkoolmijnen van 12 streepjes voorzien – een voor elk uur; men liet ze ononderbroken branden om te bepalen wanneer de ploegendienst erop zat.

Bijenwas was een van de eerste ingrediënten waarmee kaarsen werden gemaakt; de oude Romeinen – en vele beschavingen na hen – maakten er al gebruik van, omdat deze kaarsen zo'n heerlijke geur verspreidden. (Bijenwas verbrandt heel langzaam en ruikt verrukkelijk.) Maar omdat bijenwas duur en moeilijk verkrijgbaar was, maakte men er spaarzaam gebruik van; bijenwas lag alleen binnen het bereik van de rijken en de Kerk. In het 13e-eeuwse Engeland werd bijenwas zo'n felbegeerd goed dat The English Tallow Chandlers en The Worshipful Company of Wax Chandlers opdracht kregen de handel in bijenwas te reguleren en controleren. Er werden wetten uitgevaardigd die geknoei met de was aan banden moesten leggen, en wie ze overtrad werd zwaar gestraft. Men zocht naar alternatieven om kaarsen te maken; talg (vet van rundvee en schapen), dat in de keuken van de gewone man in ruime mate voorhanden was, werd het meest gebruikt en was het goedkoopst. Maar het was een heel gedoe om kaarsen van talg te maken; ze brand-

den niet lang, walmden en verspreidden een kwalijke geur. Vervolgens experimenteerde men met walschot, het kristallijne vet van de kop van de potvis, en wassoorten gewonnen uit planten en groenten – en met succes. Hoewel met deze kaarsen enkele nadelen van talg waren opgelost, was het te moeilijk om ze op grote schaal te vervaardigen.

In de 19e eeuw kwamen er grote doorbraken voor de kaarsenindustrie. Toen in 1823 stearine (of stearinezuur) werd ontdekt, een stof die ontstaat door talg te behandelen met loogzout en zwavelzuur, werd de kwaliteit van kaarsen sterk verbeterd. Stearine was een harde en stabiele wassoort, die garant stond voor minder walm en helderder licht. Een paar jaar later, in 1825 – en vlak voordat in 1827 de lucifer werd uitgevonden – paste men de eerste gevlochten lont toe die met minerale zouten was behandeld. De zoutoplossing zorgde ervoor dat de lont minder walmde en liet de pit tijdens het branden omkrullen, zodat het niet langer nodig was de kaarsen te snuiten.

Maar het in 1857 uitgevonden procédé om uit ruwe aardolie paraffine te winnen betekende voor de kaarsenindustrie de grootste stap voorwaarts. Paraffine, dat destijds werd gecombineerd met stearine, zorgde voor een fraai en langdurig brandende, geurloze kaars. Het feit dat deze stof voor weinig geld in grote hoeveelheden verkrijg-

baar was, leidde in 1834 tot de uitvinding van de eerste 'kaarsenmaakmachine', die 1500 kaarsen per uur kon maken. Tegenwoordig gebruiken kaarsenmakers gereedschappen en materialen die vergelijkbaar zijn met die van meer dan anderhalve eeuw geleden. Ze hebben de techniek verder verfijnd door de komst van recente wasverbeterende chemicaliën, waardoor ze vrijwel volmaakte kaarsen kunnen maken.

Hoewel elektriciteit kaarsen als primaire lichtbron heeft verdrongen, worden er nog steeds heel veel kaarsen verkocht. Feestdagen, zoals Kerstmis en verjaardagen, zijn nauwelijks denkbaar zonder flakkerende vlammetjes. Menig romantisch dineetje wordt opgeluisterd door de verleidelijke gloed van brandende kaarsen. En in veel moderne interieurs zorgen brandende kaarsen voor een uitnodigende en intieme sfeer.

Nu er alom doe-het-zelfpakketten en materialen om zelf kaarsen te maken te koop zijn, experimenteren steeds meer mensen met het ambacht van het kaarsen maken als uitlaatklep voor hun creatieve energie en als een manier om hun huis te verfraaien. Sommigen leggen zich toe op de fijne kneepjes van de aromatherapie, wegens het helende en kalmerende effect van bepaalde geuren, door etherische oliën als ingrediënt te gebruiken; anderen maken liever een kaars geheel naar eigen inzicht, bij wijze van decoratief accessoire en sfeermaker. Wat je motivatie ook is, de kunst van het kaarsen maken, die in veel opzichten traditioneel is, verlicht onmiskenbaar je pad als je je huis met nieuwe flair wilt verfraaien met licht en geur.

Een kaars heeft vier dingen nodig om te kunnen branden: brandstof (was), hitte (vlam), een verbinding tussen de brandstof en de hitte (lont) en zuurstof (zodat de vlam blijft branden). Als je zelf kaarsen maakt, zijn er aan je creativiteit geen grenzen gesteld, zolang je deze vier zaken maar in gedachten houdt (en een beetje je gezonde verstand gebruikt). De stappen van het kaarsen maken komen in het kort hierop neer:

1. Zorg voor materiaal: was, lonten en eventuele toevoegingen.

2. Bereid je lonten & mallen voor: welke voorbereiding er voor de techniek in kwestie maar nodig is.

3. Smelt de was.

4. Vorm je kaars: deze stap kan bestaan uit gieten, dompelen of rollen – ook dit is afhankelijk van de methode die je kiest.

5. Laat de kaars drogen en afkoelen.

6. Knip de lont bij; werk ruwe randjes bij.

7. Steek je nieuwe kaars aan en geniet ervan!

Op enkele uitzonderingen na zijn de meeste dingen die je nodig hebt om kaarsen te maken waarschijnlijk wel in je keuken te vinden. Schaf aan wat je nog niet hebt bij een hobbyzaak of speciale kaarsenwinkel (zie adressen achterin).

Welk soort kaars je ook wilt maken, dit zijn de dingen die je nodig hebt.

- AU BAIN-MARIE-PAN VAN ROESTVRIJ STAAL of ALUMINIUM:
  Voor het smelten van was. Heb je geen au bain-marie-pan, gebruik dan een oude grote kookpan, vul die tot de helft met water en zet er een kleinere pan in voor de was. Verwijder na gebruik de nog warme wasresten met keukenpapier uit de au bain-marie-pan. Wil je je te buiten gaan, koop dan bij een hobbyzaak een professionele set om was te smelten.

- WARMWATERBAD:
  Met een grote spaghettipan en een paar lege koffie- of soepblikken kom je een heel eind. Vul voor een warmwaterbad de spaghettipan voor eenderde met water en zet hem op een matig vuur. Giet de gesmolten was in de blikken en zet deze in de pan om de was warm en vloeibaar te houden. Een warmwaterbad is belangrijk als je dompelkaarsen maakt.

- KOUDWATERBAD:
  Dit gebruik je om het stollingsproces van de was te versnellen. Vul een bak (emmer of teiltje) met koud water en zet de gietvorm of mal erin om de was te laten afkoelen voordat je de kaars uit de vorm haalt. Het koudwaterbad hoeft niet veel groter te zijn dan je gietvorm of dompelkaars.

- SUIKER- of WASTHERMOMETER:
  Deze moet 150 °C kunnen aangeven. Gebruik liefst een thermometer die je aan de zijkant van de bak kunt hangen – in plaats van op de bodem leggen –, zodat de temperatuur niet wordt opgevoerd door de hitte van de gasvlam direct onder de bodem van de smeltpan.

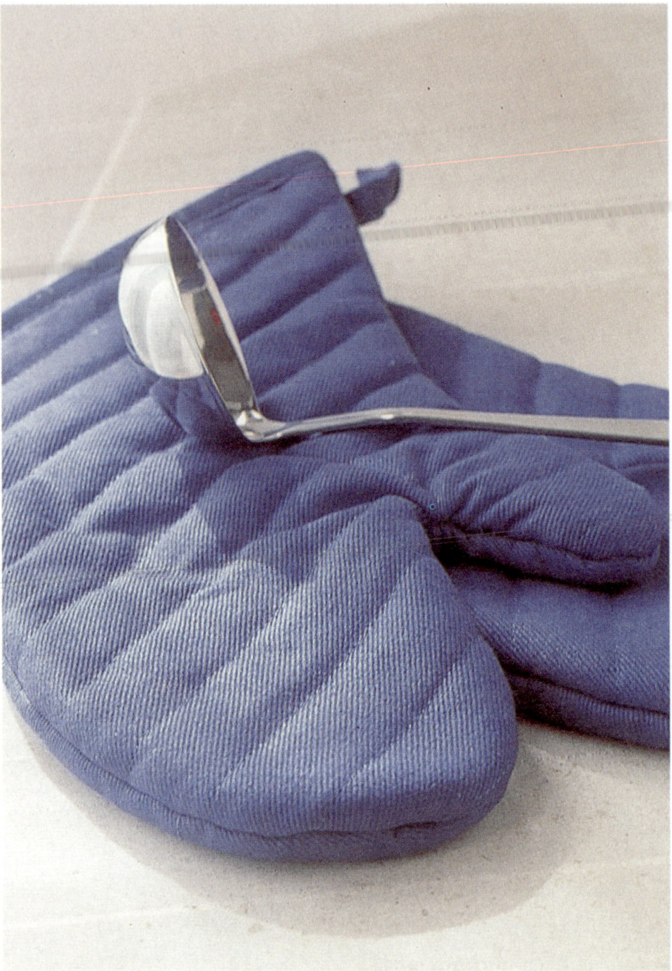

- OVENWANTEN en RUBBER HANDSCHOENEN:
  Om pannen vast te houden en warme dingen (vormen, bakjes vol hete was enz.) aan te pakken. Ze beschermen ook tegen spetters hete was.

- ROESTVRIJ STALEN of GLAZEN SCHENKKAN:
  Om hete was in vormen te gieten.

- DIVERSE BLIKKEN (van koffie, bonen, tomatenpuree, verf, soep):
  Om restjes was in te bewaren en om was in te smelten in een grote spaghetti- of au bain-marie-pan. Of gebruik de blikjes als gietvorm.

- SCHAAR en SCHERP MES:
  Om lont bij te knippen en de

onderkant van dompelkaarsen recht af te snijden.

- SCHILMESJE:
  Om gietranden van kaarsen af te schrapen.

- MAATBEKERS en -LEPELS:
  Om toevoegingen zoals kristallen en stearinezuur af te meten.

- WEEGSCHAAL (desgewenst):
  Om percentages toevoegingen per gewicht was te bepalen.

- DRUPPELAAR:
  Om geurstof en etherische olie af te meten.

- KAASDOEK of THEEZEEFJE (desgewenst):
  Om vuildeeltjes en ongerechtigheden uit vloeibare was te filteren.

- DIK BAKPAPIER of ALUMINIUMFOLIE:
  Om het werkvlak te bedekken en te beschermen.

- BAKPOEDER:
  Om in noodgevallen vuur te doven.

- BAKPLAAT of PLATTE PAN:
  Om de onderkant van blokkaarsen vlak te maken.

- PANTY:
  Om de buitenkant van kaarsen glad te maken of gietnaden te verwijderen.

- WASOPLOSMIDDEL:
  Om gemorste was op aanrechtbladen en vloeren te verwijderen.

- OUDE HANDDOEKEN en KEUKENPAPIER:
  Voor als je iets morst.

Specialistisch gereedschap

Naast de basisbenodigdheden heb je, afhankelijk van het soort kaars dat je wilt maken, ook de onderstaande spullen nodig. Maar voor gerolde kaarsen heb je niets extra's nodig.

Voor dompelkaarsen

- DOMPELVAT:
  Maak je eigen dompelvat van een oud blik voor tennisballen, een sap- of tomatensausblik. Vergeet bij het uitkiezen van een dompelvat niet dat je zelfgemaakte dompelkaars uiteindelijk zo'n 5 cm korter wordt dan het blik diep is. Het blik dat je als dompelvat gebruikt, moet in elk geval bestand zijn tegen de temperatuur van de gesmolten was. Neem de proef op de som door er kokend water in te gieten. Er zijn ook professionele dompelvaten te koop.

- DOMPELREK:
  Dit is handig als je een aantal dompelkaarsen tegelijk maakt. (Maak je er maar een of twee, dan hoef je alleen maar een plek te hebben om de lont aan op te hangen om de was tussen de dompelbeurten door te laten drogen.) Een dompelrek is zo geconstrueerd dat de lont erin kan worden gespannen, en wel zodanig dat er meer dan één stuk lont tegelijkertijd in de was kan worden gedoopt. Dompelrekken zijn in de winkel te koop, of je maakt er zelf een (zie tekening). Zorg er wel voor dat je rek in het dompelvat past.

- LONTHOUDER:
  Een alternatief voor een dompelrek (zie tekening A). Je kunt zelf een lonthouder maken van een plankje en een paar schroefhaken. Het enige verschil met een dompelrek is dat de lonten hierbij niet strak staan, dus kunnen de kaarsen tussen de dompelbeurten door tegen elkaar komen. Neem een stukje hout dat op de opening van het dompelvat past. Schroef 4-6 haken in de onderkant

tekening A
DOMPELHOUDER

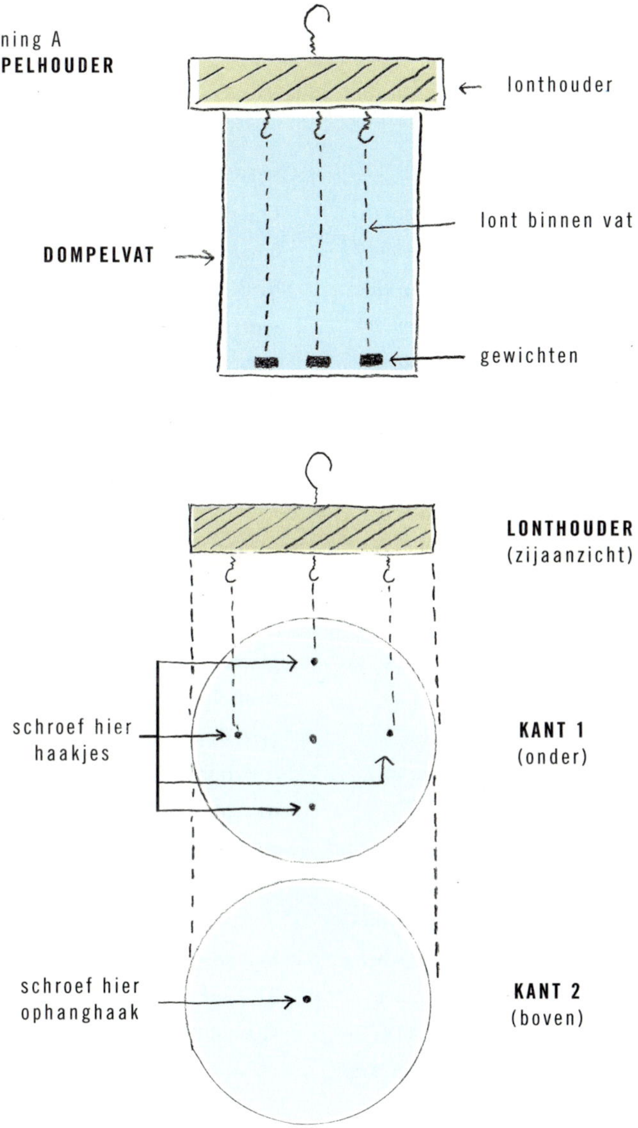

(afhankelijk van de maat van het plankje en het vat), op gelijke afstanden van het midden van het plankje. Schroef midden op de bovenkant nog een haak. Bevestig lont aan de haken aan de onderkant. Bevestig een touwtje door de haak bovenop; hieraan kun je de lonthouder ophangen om de kaarsen tussen de dompelbeurten te laten drogen.

Voor gegoten kaarsen

- GIETVORMEN:
  De meest praktische gietvormen zijn gemaakt van metaal, rubber of plastic. Wat je kiest zal afhangen van hoe ingewikkeld de kaars is en hoeveel detail je wilt. Plastic of rubber gietvormen (van polyurethaan, waar je de kaars uitdrukt of afpelt) geven het eindresultaat meer tekening. Men gebruikt metalen vormen voor uniforme, grote blokkaarsen. Deze vormen zijn in de meeste hobbyzaken en kaarsenwinkels te koop. Je kunt ook improviseren met sap- en soepblikken, PVC-pijp, schelpen, eierschalen en lege kokosnoothelften – als de vorm maar bestand is tegen de hitte van de gesmolten was. Als je kokend water in een geïmproviseerde gietvorm giet en hij daartegen kan, kun je er ook een kaars in gieten. (Zie bladzijde 36 voor meer gietvormen.)

- PLAKBAND of ELASTIEKJES:
  Om tweedelige plastic gietvormen, zo nodig, bij elkaar te houden.

- PITNAALD:
  Om de lont op zijn plaats te houden zolang de was uithardt. Je kunt improviseren met een eetstokje, potlood of stukje ijzerdraad. De pitnaald moet de bovenkant van de vorm of houder ruim overspannen (zie tekening B).

- PITHOUDERS:
  Ronde metalen plaatjes die lont-met-ijzerdraad op zijn plaats houden wanneer je gesmolten was in de gietvorm giet. Ze zijn in verschillende maten te koop, afhankelijk van de maat van de lont die je gebruikt en het formaat van de kaars.

- Een grote bak (DOOS of TEILTJE):
  Gevuld met zand (zie bladzijde 66 voor zand als gietvorm).

- ROESTVRIJ STALEN of RUBBEREN TRECHTER of KLEINE SAUSLEPEL:
  Om was in kleine vormen te gieten.

tekening B
PITNAALD (houder of gietvorm)

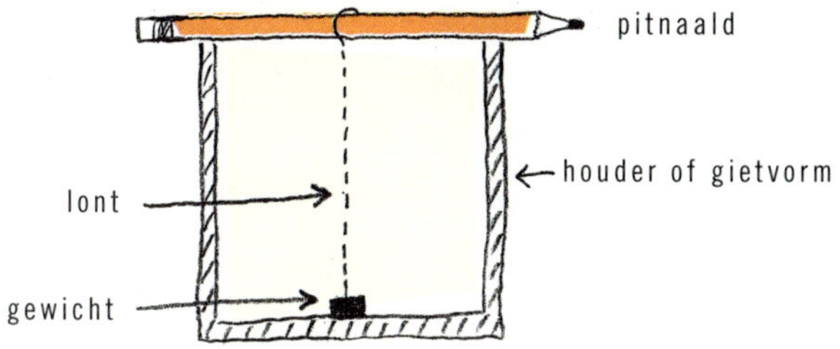

KANT 1
(boven)

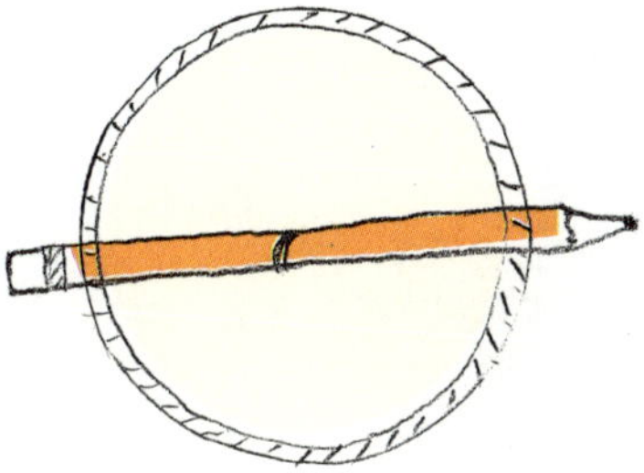

Voor votief- of stormkaarsen

- PITHOUDERS:
  Deze voorkomen dat de lont zich in de houder verplaatst wanneer de was erin wordt gegoten. Ze zijn te koop in verschillende maten, afhankelijk van het formaat van de houder.

- STOKJE voor lont of LONTHOUDER:
  Om de lont op zijn plaats te houden. Vaak worden ze meegeleverd met professionele votiefvormen, maar je kunt improviseren met een potlood, eetstokje of stuk ijzerdraad (zie tekening C).

- VOTIEFVORMEN:
  IJsblokjesvormen zijn goed te gebruiken als je geen professionele vorm wilt aanschaffen.

- KLEINE SAUSLEPEL:
  Om de gesmolten was in de votiefvormen te gieten.

tekening C
PITNAALD (eetstokjes)

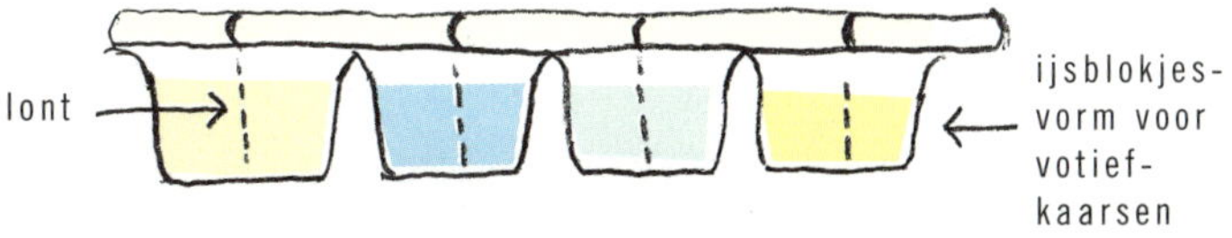

Was

Was kan worden verdeeld in twee hoofdgroepen: paraffinewas en bijenwas, elk met zijn eigen specifieke kenmerken en eigenschappen, en elk met zijn eigen smeltpunt.

Het smeltpunt van een bepaalde wassoort is de temperatuur waarbij de was vloeibaar wordt. Het smeltpunt van een bepaalde wassoort heeft invloed op hoe deze zich laat vormen, op de hardheid, de duurzaamheid en de gebruiksduur. Hoe hoger het smeltpunt, hoe harder de was en hoe langer een kaars zal branden. Aan de andere kant zal een wassoort met een laag smeltpunt (die sneller vloeibaar wordt bij een lagere temperatuur) niet zo lang branden, maar wel gemakkelijker te verwerken en te vormen zijn.

Het soort was dat je gebruikt hangt af van het soort kaars dat je maakt. Maak je bijvoorbeeld een handgerolde kaars, dan heb je een zachtere, meer voegzame was nodig die zich gemakkelijk laat rollen en die niet breekt. Een was met deze eigenschappen (bijvoorbeeld bijenwas) heeft een relatief laag smeltpunt, wat ook betekent dat kaarsen die van deze was zijn gemaakt niet zo lang zullen branden. Maar wanneer je een kaars wilt maken door de was in een vorm te gieten, zul je was met een hoger smeltpunt nodig hebben, die goed stolt en lange tijd brandt.

Paraffinewas

Paraffinewas is een chemisch bijproduct van de aardolie-industrie. Het is een enigszins doorzichtige, geurloze, harde wassoort, die goed uit de vorm loslaat.

Er zijn drie soorten paraffinewas, afhankelijk van het oliegehalte. Het gevolg van deze variatie in de hoeveelheid olie is dat elke was zijn eigen smeltpunt heeft: laag, gemiddeld en hoog. Hoe meer olie de was bevat, hoe lager het smeltpunt.

Paraffinewas met een laag smeltpunt (zo'n 50-55 °C) wordt soms 'houderwas' genoemd. Het oliegehalte is hoog, waardoor de was zacht, voegzaam en plakkerig is, en snel brandt. Houderwas wordt vooral gebruikt voor kaarsen die in een houder worden gegoten of met de hand worden gerold. Dit type paraffinewas wordt niet aanbevolen voor gegoten kaarsen waarbij de vorm wordt verwijderd, omdat hij algauw aan de vorm blijft plakken, zodat de kaars er moeilijk uit te halen is.

Paraffinewas met een gemiddeld smeltpunt (55-60 °C) is het meest geschikt voor vrijstaande stomp- of blokkaarsen of gegoten kaarsen waarbij de vorm wordt verwijderd, en voor handgedompelde kaarsen. Deze was bevat minder olie dan 'houderwas', waardoor hij harder en minder plakkerig is en minder snel brandt dan was met een lager smeltpunt.

Paraffinewas met een hoog smeltpunt (60 °C en meer) bevat heel weinig olie. Dit soort was is hard, stolt snel en leent zich goed voor handgedompelde kaarsen. Ook is de was geschikt voor dopen (zie bladzijde 54), een methode om de buitenkant van een kaars te kleuren, decoraties op de buitenkant te fixeren en de kaarsen druipvrij te maken.

Bijenwas

Bijenwas is een natuurlijke, zoet geurende, goudkleurige was die wordt gewonnen uit bijenkorven, wordt schoongemaakt en soms wordt gekleurd. Bijenwas blijft lang branden, is zacht, plakkerig en voegzaam. Hij is te koop in blokken en vellen, meestal voorzien van een fraai honingraatmotief. Zuivere bijenwas is ideaal voor handgerolde kaarsen en dompelkaarsen. Wanneer bijenwas wordt gebruikt voor gegoten of handgedompelde kaarsen, dient hij voor een optimaal resultaat te worden vermengd met harde paraffinewas. Wanneer bijenwas aan paraffine wordt toegevoegd, verlengt dit eveneens de brandduur van de kaars.

Zuivere bijenwas is niet aan te raden voor het maken van gietkaarsen zonder vorm, want doordat de was plakkerig is, is de gietvorm moeilijk te verwijderen.

LET OP: *Als je zuivere bijenwas gebruikt in een gietvorm, mag de was niet warmer zijn dan 70 °C, omdat hij dan aan de vorm blijft plakken.*

PRAKTISCHE TIP

De temperatuur die de was dient te hebben wanneer je gaat dompelen of gieten heet de 'giettemperatuur'. Deze hangt af van het soort kaars dat je gaat maken en van het soort houder (zie bladzijde 34 voor meer informatie over gietvormen).

SOORT KAARS/GIETVORM	GIETTEMPERATUUR
Handgedompelde kaarsen	70 °C (*maar voer dit bij de laatste dompelbeurt op tot ruim 80 °C*)
TRADITIONELE GIETVORMEN	
Rubber	70-80 °C
Acryl	80-95 °C
Gips	70-80 °C
Metaal	80-95 °C
ANDERE GIETVORMEN	
Glas	70-95 °C
Aardewerk	80-95 °C
Folie	80-95 °C
Karton	70 °C
Zand	140 °C (als het zand erop moet blijven) 70 °C (als het zand los moet laten)
Plastic	70 °C

De lont is essentieel om een kaars te laten branden, en goed te laten branden. Hij vormt de verbinding tussen was en vlam, dus tussen de brandstof (was) en de warmtebron (vlam).

Een lont doet zijn werk effectiever wanneer hij wordt voorbehandeld, een eenvoudig procédé waarbij de lont voor gebruik tweemaal in gesmolten was wordt gedoopt en wordt gedroogd. Dit dient om eventuele luchtbellen in de lont te verwijderen, zodat de lont mooier brandt, bestand is tegen vocht en gemakkelijk aan te steken is. Deze voorbehandeling is niet noodzakelijk bij het kaarsen maken, maar het is een goede gewoonte en kost weinig tijd.

Lonten zijn gemaakt van gevlochten katoenen draden die zijn behandeld met een chemische vlamvertragende oplossing, zodat ze langzaam branden en tijdens het branden uiteenvallen. Evenals was zijn lonten in soorten en maten verkrijgbaar; sommige soorten zijn strakker gevlochten dan andere. Welk soort lont je kiest, hangt af van het soort kaars dat je wilt maken. Er zijn drie basistypen: vierkant gevlochten en plat gevlochten lont, en lont-met-ijzerdraad.

Vierkant gevlochten lont

- Vierkant gevlochten lont wordt met name gebruikt voor grote gegoten kaarsen of blok- en stompkaarsen. Er bestaan verschillende maten, genummerd van dun tot dik. Hoe dikker de kaars, hoe dikker de lont die wordt gebruikt.

Lont-met-ijzerdraad

- Bij lont-met-ijzerdraad zit er binnenin ijzerdraad, waardoor de lont stijf is. Deze lont kan dus zo goed als op eigen benen staan, of in een plas gesmolten was. Deze eigenschap maakt de lont geschikt voor votief-, houder- en zandkaarsen. Dit soort lont is meestal te koop in small, medium en large.

Plat gevlochten lont

- Plat gevlochten lont, die eruitziet als plat touw, wordt voornamelijk gebruikt voor handgedompelde kaarsen en kleine stomp- en blokkaarsen. Er bestaan verschillende maten, afhankelijk van het aantal draden in de lont. Hoe groter de lontmaat, hoe meer draden er zijn gebruikt en hoe dikker de lont. De (genummerde) maten variëren van small (15 draden) tot extra large (60 draden). Kleine kaarsen vragen om kleinere lonten, dus met minder draden.

Pithouder

- Een pithouder is een metalen plaatje met een gat in het midden, soms met kleine 'tandjes', waar de lont doorheen wordt gestoken om hem op zijn plaats te houden. Een pithouder zorgt ervoor dat de lont op de bodem van een vorm of houder blijft en recht blijft staan wanneer de was erin wordt gegoten.

Toevoegingen:

Toevoegingen worden vermengd met de was om deze bijvoorbeeld langer te laten branden, harder en helderder te maken, om het smeltpunt te verlagen of om de was gemakkelijker uit de vorm te kunnen halen. Met andere toevoegingen, zoals kleurstof en etherische oliën, kun je je kaars mooier maken en lekker laten ruiken.

- GLANSKRISTALLEN: Deze maken de was van elke kaars harder en verlengen de brandduur door het smeltpunt van de was te verhogen. De kristallen laten de kaars glanzen, maken witte kaarsen witter en gekleurde kaarsen dieper van kleur. Gebruik 1 eetlepel per 450 gram was. Smelt de kristallen eerst in een klein beetje was voor je ze aan de rest toevoegt.

- BLANKE KRISTALLEN: Deze verlengen niet alleen de brandduur, maar voorkomen ook luchtbellen aan het oppervlak van de was, intensiveren de kleur en maken dompelkaarsen druipvrij wanneer deze in een 'sterk' kristal-wasmengsel worden gedompeld. Gebruik 1 eetlepel per 450 gram was. Gebruik voor een enkel laagje 1 kop per 450 gram was.

- STEARINEZUUR (of stearine): Een vettig zuur dat de was harder maakt en de brandduur verlengt. Stearinezuur doet was ook enigszins krimpen, waardoor de kaars gemakkelijker loslaat uit de vorm. Gebruik 3-5 eetlepels per 450 gram was. Smelt het stearinezuur eerst in een beetje was voordat je het aan de rest van de gesmolten was toevoegt. Let op: gebruik geen stearinezuur voor plastic of rubber gietvormen, want die worden erdoor aangetast.

- MICROKRISTALLIJNE WAS: Er bestaan verschillende soorten microkristallijne was, elk met bepaalde eigenschappen. Sommige maken de was minder bros, andere versterken de gloed of zorgen dat de was beter hecht. Welk soort microkristallijne was je gebruikt, hangt af van de gewenste eigenschap. Informeer in de winkel welk soort voor je doel het best geschikt is.

- WASKLEURSTOF: Deze kan direct aan de gesmolten was worden toegevoegd of met een van de bovengenoemde toevoegingen worden vermengd voordat je deze aan de rest van de was toevoegt. Kleurstof voor was heeft meestal de vorm van een schijfje of vierkantje, en je hebt 1 schijfje per 450 gram was nodig. Een modernere manier om was te kleuren is met gekleurd krijt, waarvan je er – afhankelijk van de gewenste vorm – 5-10 per 450 gram was nodig hebt. Onthoud dat de kleur lichter wordt als de was afkoelt en uithardt.

- GEURSTOF: Geurstof voor kaarsen, met name gebruikt voor geurkaarsen, is vast of vloeibaar, en je hebt meestal maar een klein beetje nodig. Was kun je ook goed een geurtje geven met etherische oliën en geuroliën (zie bladzijde 154). Gebruik 4-5 druppels per 450 gram was.

- SILICONENSPRAY: Siliconenspray of *mould-release spray* zorgt ervoor dat de kaars na het harden van de was gemakkelijk loslaat uit de gietvorm. Als je kaarsen maakt, heb je deze spray niet per se nodig, maar het kan gemakkelijk zijn, vooral als je blikjes als gietvorm gebruikt. Gebruik de spray altijd voor kaarsen van bijenwas.

- GIETKLEI: Deze rubberachtige substantie blijft aan de was vastplakken en kan worden hergebruikt. Gietklei gebruik je om gietvormen en houders lekvrij te maken; je kunt er het gaatje voor de lont in de bodem mee dichten, zodat er geen gesmolten was uit druipt.

Colman's
English
Mustard
Blend
PSI @73°F PVC 1120

Gietvormen en houders kunnen je kaarsen karakter geven. Afhankelijk van je wensen en van het resultaat dat je nastreeft, kun je kiezen voor een klassieke, traditionele kaars, zoals een rechte kaars, of voor iets creatievers en informelers, zoals een drijfkaars in een walnootdop. Wat je ook gaat doen, het experimenteren is al de helft van het plezier. Misschien zul je nog van jezelf staan te kijken!

Er bestaan twee hoofdsoorten gietvormen: gietvormen voor kaarsen die je in hobbyzaken en speciale kaarsenwinkels koopt, en vormen die niet per se voor kaarsen bedoeld zijn maar die daar wel voor kunnen worden gebruikt. Gietvormen moeten voor gebruik in elk geval altijd schoon en droog zijn; je kunt ze het best inspuiten met siliconenspray.

Professionele gietvormen voor kaarsen zijn in soorten en maten te koop, en van verschillende materialen. Ze kunnen van metaal, rubber, plastic, latex, acryl, en soms van glas zijn, en ze zijn opnieuw te gebruiken. Sommige gietvormen bestaan uit één deel; de opening hiervan is groot genoeg om de kaars eruit te kunnen halen. Twee- of meerdelige gietvormen zijn bedoeld voor ingewikkelder kaarsen, zoals 'beeldjes' of andere complexe vormen; de gietvorm moet dan worden geopend of uit elkaar gehaald om de kaars eruit te kunnen halen. Sommige gietvormen hebben een naad en andere niet. Er zijn 'uitdruk-' en 'afpelvormen' van duurzaam plastic, acryl of rubber, waar je de gesmolten was in giet; de gietvorm wordt dan letterlijk van de kaars afgepeld als de was gestold is. Met sommige gietvormen kun je een ingewikkelde textuur aanbrengen op het oppervlak van de kaars, andere zijn weer heel simpel. Welke gietvorm je kiest hangt af van waar je zin in hebt, van het soort kaars dat je wilt maken en van je budget. Bij alle gietvormen uit de winkel worden instructies voor onderhoud en het soort lont meegeleverd, en ook waarschuwingen. Volg de aanwijzingen altijd op.

Gietvormen die niet voor kaarsen zijn bedoeld, maar daar wel voor kunnen worden gebruikt kunnen in twee groepen worden verdeeld: wegwerp en niet-wegwerp.

Niet-wegwerpvormen zijn houders als soep- of koffieblikken, aardewerk bloempotten, ijsblokjesvormen of bakvormpjes (voor votiefkaarsen) – in feite alle soorten gietvormen die bestand zijn tegen de hitte van de gesmolten was en een opening hebben die groot genoeg is om de kaars eruit te halen. Deze gietvormen kunnen telkens weer worden gebruikt.

Wegwerpvormen zijn zo ongeveer overal te vinden: een stevig ijsbakje, een van een waslaagje voorzien blikje diepvriessap, een yoghurtpak met waslaagje, een tot een nestje gevormd stuk aluminiumfolie, een glazen potje van babyvoedsel, een plastic bakje van roomkaas, of zelfs een met zand gevuld doosje waar je de was in giet (zie bladzijde 66 voor zandkaarsen). Weer geldt: het enige waar je bij een wegwerpvorm op moet letten is dat hij bestand is tegen de hitte van de gesmolten was. Weet je dat niet zeker, neem dan de proef op de som door wat was op de bodem te gieten en te kijken wat er gebeurt. Wat deze gietvormen onderscheidt van niet-wegwerpvormen is dat ze maar één keer worden gebruikt. Het glas, plastic of karton of de folie wordt verwijderd nadat de was is gestold en afgekoeld.

Houders

Onder 'houders' worden in dit boek gietvormen verstaan die na het gieten van de was niet worden verwijderd en deel blijven uitmaken van de kaars. Deze houders hoeven daarom niet te worden ingespoten met siliconenspray, maar voor je ze gaat gebruiken moeten ze wel schoon en droog zijn. De meeste van deze vormen kunnen ook worden gebruikt voor kaarsen waarbij de gietvorm naderhand wél wordt verwijderd; bespuit ze dan met siliconenspray, haal de kaars uit de vorm of breek de vorm kapot.

Sommige houders kunnen evenals gietvormen die worden verwijderd, meerdere keren worden gebruikt; andere zijn voor eenmalig gebruik. Een houder moet altijd bestand zijn tegen de hitte van de gesmolten was, maar verder heb je alle vrijheid bij de keuze van houders. Van huishoudelijke voorwerpen als theekopjes of bloempotten tot voorwerpen uit de natuur, zoals eierschalen of kleine pompoenen – de mogelijkheden zijn onbegrensd.

Hier vind je een paar ideeën om je op weg te helpen – maar je kunt echt bijna alles gebruiken.

- THEEBUSJE
- SOEPBLIK
- AARDEWERK BLOEMPOT
- LONGDRINKGLAS
- IJSBLOKJESVORM
- DECORATIEVE SCHAALTJES
- THEEKOPJES
- KOFFIEMOKKEN
- GEGALVANISEERD EMMERTJE
- PUDDINGVORMPJES
- SUIKERPOT
- JAMPOT

Houders voor eenmalig gebruik kunnen van vrijwel elk materiaal zijn gemaakt. Vaak vind je dingen in de natuur (of, liever gezegd: in de supermarkt) die je zou willen gebruiken; dan kun je op twee manieren te werk gaan. Voor een speciale gelegenheid kun je 'super-eenmalig' gebruikmaken van een stuk fruit, een arrangement van verse bloemen of wat dan ook dat een kaars kan bevatten, maar niet lang houdbaar is. In zo'n geval is het afgelopen zodra de materialen die je hebt gebruikt in kwaliteit beginnen terug te lopen. Maar als je wilt dat je kaars wat langer meegaat, kun je een houder gebruiken die, hoewel hij als de kaars is opgebrand misschien niet nogmaals kan worden gevuld, intact blijft zolang de pit intact is.

Ook dit lijstje is alleen bedoeld om je op weg te helpen.
Laat je fantasie de vrije loop!

- UITGEHOLDE POMPOEN OF KALEBAS (*blijft niet heel lang goed*)
- EIERSCHALEN
- WALNOOTDOPPEN
- SCHELPEN OF MOSSELEN
- HALVE KOKOSNOOT
- KLEINE KALEBAS
- UITGEHOLDE APPEL OF PEER (*dit is een leuk gezicht, maar zo'n kaars gaat maar één avond mee*)

Dit soort houders moet je voordat je de was erin giet wel goed schoon en droog maken. Hol ze zorgvuldig uit of maak ze leeg, en houd de niet-duurzame exemplaren goed in de gaten. Je zult merken dat je steeds meer ideeën krijgt naarmate je meer met kaarsen experimenteert. Het zal niet lang duren of bij alles wat je ziet, bedenk je bij jezelf hoe een kaars erin zou staan!

Je kaarsen een persoonlijke noot geven is een van de leukste dingen van kaarsen maken. Hoe vaker je het doet, hoe meer je gaat beseffen dat je kaarsen op allerlei manieren iets extra's kunt geven: met snijwerk, afwrijftransfers en gedroogde bladeren; door grapefruitolie, orchideeëngeur of kaneelpoeder toe te voegen, of door geraspte citroenschil door de vloeibare was te mengen.

Het versieren begint op het moment dat de was aan het smelten is – dus voordat je de kaars in een vorm of houder giet, of dompelt – door geur en kleur toe te voegen. Kaarsen kunnen ook naderhand worden gedecoreerd door voorwerpen op de buitenkant aan te brengen of motieven uit te snijden in de buitenste laag gestolde was.

Geur

Met allerlei ingrediënten kun je je kaars een geurtje geven: met kaarsengeurstof uit de winkel, met geurolie, etherische olie, of ingrediënten die van zichzelf lekker ruiken, zoals kruiden en specerijen. Wat je ook gebruikt, je voegt het voor het gieten aan de gesmolten was toe.

Kaarsengeurstof uit de winkel is vloeibaar en is te koop bij hobby- en speciaalzaken. De geursterkte varieert van fabrikant tot fabrikant, dus houd je aan de dosering van de gebruiksaanwijzing. Meestal is zo'n 30 ml per 900 gram gesmolten was voldoende.

Geuroliën zijn 100 procent synthetisch vervaardigd. Ze zijn onder andere te koop in huishoudzaken en warenhuizen. Het scala aan geuren loopt van natuurgeuren als roos, sering of vanille tot meer abstracte aroma's als die van pasgemaaid gras of gesponnen suiker. Hoewel deze geuroliën in principe niet zijn bedoeld voor geurkaarsen, kun je er goed mee uit de voeten. Ze zijn alleen wel erg geconcentreerd, dus gebruik maar weinig: 10-15 druppels per 450 gram gesmolten was.

Etherische oliën zijn natuurlijke oliën die zijn gewonnen uit planten of plantendelen, en ze dienen een dubbel doel: ze ruiken lekker en hebben therapeutische eigenschappen; ze werken bijvoorbeeld kalmerend, verjongend of genezend. Etherische oliën zijn onder andere te koop in reformzaken en gespecialiseerde winkels.

De ene soort laat zich beter met was vermengen dan de andere. Als je tijd hebt, neem dan een proef: giet een beetje gesmolten was in een bakje en voeg er een paar druppels etherische olie aan toe; laat de was stollen en bekijk het resultaat. De dosering voor etherische olie is hetzelfde als voor geurolie: 10-15 druppels per 450 gram gesmolten was.

Ook met natuurlijke ingrediënten, die zijn gekneusd of vermalen, kun je je kaarsen lekker laten ruiken. Ze geven de was bovendien kleur en een beetje textuur. Met kaneelpoeder, gekneusde lavendel, fijn geraspte citroenschil of komijnpoeder krijgt je kaars een verrukkelijk aroma. Deze ingrediënten kunnen naar de onderkant van de kaars zakken, wat er fraai uitziet. Maar gebruik ze spaarzaam, want een teveel kan invloed hebben op het stollingsproces van de was en op de manier waarop de pit brandt. Je wilt immers niet dat er straks allerlei ongerechtigheden rond de brandende pit drijven. Een goede hoeveelheid is 1 theelepel poeder van een kruid of specerij per 450 gram was.

Kleur

Behalve met natuurlijke ingrediënten kun je je kaarsen nog op allerlei andere manieren een mooie kleur geven. In hobbywinkels en speciaalzaken is kleurstof voor kaarsen te koop (in blokken of als poeder). Je kunt ook gemalen krijt gebruiken, specerijen, en zelfs levensmiddelenkleurstof (hoewel die niet ideaal is). Je kunt het kleuren het best in de hand houden door de kleurstof apart van de was te smelten en hem dan langzaam al roerend aan de was toe te voegen. Gebruik je krijt, een specerij of een ander kleurmiddel, maak dat dan aan met een beetje gesmolten was en voeg het mengsel toe aan de rest van de was – NADAT je er eventuele toevoegingen of kleurstof bij hebt gedaan.

Als je kaars klaar is, kun je er nog een heleboel mee doen: dopen, besnijden en beplakken zijn maar een paar van de mogelijkheden.

Dopen

Bij 'dopen' wordt de kaars voor een laatste keer in was gedompeld om een afwerklaagje te krijgen. Dit dient een tweeledig doel: enerzijds kun je de kaars op deze manier druipvrij maken of een gladde en harde afwerklaag geven; anderzijds kun je hem op deze manier voorbereiden voor snijwerk, of een witte kaars een gekleurde buitenkant geven. Een kaars kan worden gedoopt wanneer de was is gestold, maar deze nog warm aanvoelt. Als je je kaars druipvrij wilt maken of een harde buitenlaag wilt geven, gebruik dan was met een hoger smeltpunt dan de was van de kaars zelf. Zo bescherm je het binnenste van de kaars met een soort harde schil. Dit voorkomt druipen, omdat de harde schil de gesmolten was rond de pit zal vasthouden. Smelt een beetje was en meng er de juiste hoeveelheid blanke kristallen of toevoegingen door (zie bladzijde 32). Doop de kaars 1-3 keer in de was en laat de waslaag tussendoor drogen.

Wanneer je een witte kaars wilt kleuren, voeg dan kleurstof aan de was toe en doop de kaars er 1-4 keer in, afhankelijk van de gewenste kleurintensiteit; laat de waslaag tussendoor drogen. Een apart effect bereik je door de kaars voor zijn doop deels af te plakken met tape, stickers of papier. Haal je dat na het dopen weg, dan wordt op die plekken de kleur van de kaars eronder zichtbaar.

Snijwerk

Nadat je je kaars hebt gedoopt, kun je nog een stap verdergaan door met een scherp voorwerp, zoals een mesje of het uiteinde van een paperclip, gedeelten van de gekleurde buitenlaag weg te schrapen, zodat de witte of gekleurde was eronder zichtbaar wordt. Door je kaars in was met verschillende kleuren te dopen, kun je spelen met kleurlagen. Afhankelijk van de diepte van het snijwerk worden die kleuren dan zichtbaar.

Versiering aan de buitenkant

Kaarsen versieren met een collage is leuk en gemakkelijk om te doen. Je kunt zo goed als alles op de buitenkant van een kaars 'lijmen'. Smelt daartoe een beetje paraffine met een hoog smeltpunt. Breng de gesmolten was met een kwastje aan op het gedeelte van de kaars dat je wilt beplakken. Gebruik je overdrukplaatjes, bladeren of gedroogde bloemen, breng dan na het 'vastlijmen' hieroverheen nog een laagje paraffine aan voor een gladde afwerking.

Je kunt een kaars met allerlei dingen beplakken. Hieronder vind je slechts enkele voorbeelden:

- KANEELSTOKJES
- GEDROOGDE BLOEMEN, KRUIDEN EN BLADEREN
- HEEL DUN GESNEDEN GEDROOGD FRUIT
- TAARTDECORATIES ZOALS STROOISEL EN SUIKERKRISTALLEN
- OVERDRUKPLAATJES
- GLITTER EN 'GOUDSTOF'
- STICKERS
- VANILLESTOKJES
- KOFFIEBONEN
- ZAND
- KRALEN
- PAILLETTEN

LET OP: *Je kunt het best alleen vrij brede, rechte kaarsen op deze manier versieren; dan zal er niet zo gauw iets misgaan als de kaars brandt. Het is tevens aan te raden tijdens het branden van tijd tot tijd ongerechtigheden rond de pit weg te halen.*

Andere ideeën

- Druk een klein hebbedingetje tot halverwege in de gesmolten was in de gietvorm – zo maak je een 'persoonlijke kaars'.

- Schaaf met een kaasschaaf of dunschiller beetjes was van gekleurde kaarsen af en doe dit kleurige schaafsel in een glas met een lont/pithouder erin. Druk het schaafsel stevig aan, ook rond de lont. Ga door tot het glas vol is.

- Rol een nog warme stomp- of blokkaars door gemalen specerijen, gekneusde kruiden en gedroogde bloemen, of glitter.

- Rol een nog warme stomp- of blokkaars voor een natuurlijke uitstraling in een stuk golfkarton.

- Hak restjes gekleurde was fijn en doe ze in een gietvorm. Overgiet de gekleurde stukjes met blanke was voor een 'snipperkaars'.

- Verf, sjabloneer of spons met acrylverf motieven op je kaars.

Recepten & technieken

Dompelen

Dompelen met de hand is de oudste manier om kaarsen te maken. Dompelkaarsen zijn elegant en eenvoudig, en je hebt er weinig gereedschap voor nodig.

De werkwijze komt erop neer dat er rond een lont lagen was worden opgebouwd. De lont wordt diverse malen in een vat met gesmolten was gedompeld. Tussendoor stolt de was, zodat de volgende waslaag erop hecht. Er zijn voor een standaardkaars, die in een kandelaar past, 30-40 dompelbeurten nodig.

Je kunt kaarsen op drie manieren dompelen. Bij de eerste manier gebruik je een dompelrek, te koop bij speciaalzaken. De lont wordt door het rek geregen en strak getrokken. De tweede manier is dompelen met een lonthouder (zie tekening bladzijde 21) en een blik (metalen blik van tennisballen, soep, koffie) voor de gesmolten was. De hoogte van het vat bepaalt de lengte van de kaars. Nadat je de lonten aan de schroefhaken hebt bevestigd, dienen ze aan de onderkant verzwaard te worden. Je kunt speciaal voor dit doel gemaakte gewichtjes kopen, of je kunt improviseren met een noot, een schroef, een weegschaalgewichtje, of welk klein voorwerp ook dat zwaar genoeg is en gemakkelijk aan de lont is te bevestigen. De derde manier om dompelkaarsen te maken is heel eenvoudig; je hebt er geen dompelrek of lonthouder voor nodig. Je houdt de lont gewoon aan het uiteinde vast als je hem in het vat met gesmolten was dompelt, en hangt hem vervolgens aan een hangertje of waslijn om de was tussendoor te laten drogen. Neem wel een stuk lont dat lang genoeg is, zodat je het ergens aan kunt vastmaken. Deze manier is vooral geschikt voor kleine dompelkaarsen, zoals voor op een verjaardagstaart. Veel dompelkaarsen worden met twee tegelijk verkocht; eerst wordt de ene kant gedompeld, en daarna, als de eerste is afgekoeld, de andere. Je kent vast wel de dompelkaarsen met één doorlopende lont; deze zijn ofwel op bovengenoemde manier gemaakt, ofwel met behulp van een dompelrek, waarop één lange lont wordt gebruikt.

Voor dompelkaarsen gebruik je een wassoort met een gemiddeld smeltpunt, waaraan je bijenwas, toevoegingen, kleur- en geurstoffen kunt toevoegen. Je kunt voor je kaars ook alleen zuivere bijenwas gebruiken. De hoeveelheid was is afhankelijk van het formaat van het dompelvat voor de gesmolten was. Bereken aan de hand van het schema op bladzijde 60 hoeveel gram vaste was je nodig hebt om je vat er in vloeibare toestand mee te vullen. De gesmolten was moet 65-70 °C zijn, en 70-75 °C als je zuivere bijenwas of een paraffine-bijenwasmengsel gebruikt. Is de temperatuur te laag, dan hecht de was zich in ongelijke lagen en ziet er klonterig uit. Is hij te heet, dan smelten de waslagen als je de kaars weer dompelt. Gebruik warm- of koudwaterbaden om de temperatuur van de was zo nodig aan te passen. Als je klaar bent met dompelen, moet het vat nog ongeveer halfvol met was zijn. Deze was kun je hergebruiken. Gebruik een gemiddelde, plat gevlochten lont, en reken wat extra om de lont aan de lonthouder vast te kunnen maken.

Zodra je vat en lont klaar zijn, is de werkwijze heel eenvoudig. Doop de lont met een gelijkmatige beweging in het vat met was en houd hem daar 2-3 seconden in. Haal de lont er met een gelijkmatige beweging uit en laat de was 3-5 minuten drogen. Dompel de lont 30-40 maal tot de bovenkant van de kaars de gewenste dikte heeft.

Het hoort bij het dompelen dat de kaars een taps toelopende vorm krijgt (hij wordt vanonder breder dan vanboven). Heeft hij vlak bij de lont de juiste dikte, doop hem dan bij de volgende dompelingen minder ver in het vat. Heeft het bovenste derde deel de gewenste dikte, dan dompel je hem daarna weer minder ver in het vat – enzovoort. Bij de laatste dompelingen doop je alleen het onderste kwart van de kaars in de was, zodat de onderkant het dikst wordt.

Verhit de was voor de allerlaatste dompeling tot zo'n 80 °C; zo wordt de buitenlaag mooi glad. Je kunt de kaarsen nu ook dopen (zie bladzijde 46) voor snijwerk of kleur. Als de laatste laag droog maar nog wel enigszins warm is, knip je de lont bovenaan bij – maar laat minstens 5 cm extra zitten. Werk de onderkant bij en zet de kaars even op een warme bakplaat of koekenpan voor een effen oppervlak. Laat je kaarsen minstens 1 uur drogen.

Recept voor dompelkaarsen met paraffine-bijenwas

Ingrediënten

- paraffinewas met gemiddeld smeltpunt (50% van de totale hoeveelheid was)
- bijenwas (45% van de totale hoeveelheid was)
- stearinezuur (5% van de totale hoeveelheid was)
- 1 schijfje kleurstof per 450 gram was
- 5 druppels etherische olie of geurolie per 450 gram was

Benodigdheden

- au bain-marie-pan
- dompelvat of bak
- dompelrek of lonthouder
- plat gevlochten lont, middelmaat (24-30 draden)
- schaar voor bijknippen lont
- scherp mes voor bijwerken onderkant kaarsen
- bakplaat of koekenpan (desgewenst) om onderkant kaarsen te effenen

- *Zet het dompelrek volgens de gebruiksaanwijzing in elkaar of maak er zelf een.*
- *Smelt de was (70-75 °C).*
- *Voeg stearinezuur, kleur- en geurstof toe.*
- *Dompel de lonten langzaam en gelijkmatig in de gesmolten was en wacht 3 seconden; haal ze eruit en laat ze 3-5 minuten drogen. Dompel de lonten 30-40 keer in de gesmolten was (afhankelijk van de gewenste dikte) en laat de was tussendoor drogen. Laat de kaarsen taps toelopen (zie boven).*
- *Verhit de was voor de laatste dompelbeurt tot zo'n 80 °C. Knip de lonten bij als de laatste laag droog is (reken ten minste 5 cm extra) en effen de onderkant van de kaarsen door ze op een warme bakplaat of in een koekenpan te zetten.*

De giettechniek is een eenvoudige methode om rechte kaarsen of gegoten kaarsen met of zonder houder te maken.

Deze werkwijze bestaat uit drie stappen:

1) KIES EEN VORM EN LONT EN BEREID DEZE VOOR.

2) BEREID DE WAS VOOR EN SMELT HEM.

3) GIET DE WAS IN DE VORM EN LAAT HEM AFKOELEN.

1. Gietvorm en lont kiezen en voorbereiden

Wie kaarsen wil maken, kan kiezen uit honderden gietvormen en houders (zie bladzijde 34 voor ideeën). Welke soort gietvorm of houder je kiest, is afhankelijk van het gewenste effect en uiterlijk van de kaars. Of je nu een traditionele gietvorm of iets abstracters als een pompoen of aardewerk bloempot gebruikt, de gietvorm/houder en lont worden op dezelfde manier voorbereid.

Gebruik je een professionele gietvorm, zorg dan dat deze schoon en droog is; bespuit de binnenkant met siliconenspray. Bevestig de lont volgens de gebruiksaanwijzing.

Gebruik je een geïmproviseerde houder of een vorm die meer dan 5 cm diep is (bijvoorbeeld een koffie- of soepblik), dan kun je de lont op twee manieren bevestigen.

Manier 1

- *Boor een gaatje in het midden van de bodem van het blik.*
- *Leg een knoopje in één uiteinde van de lont en steek hem door het gaatje in de bodem.*
- *Trek de lont strak naar de bovenkant van de houder en bind hem daar aan een stokje (potlood, eetstokje of stukje ijzerdraad), dat op de randen van de houder rust. Het stokje houdt de lont recht en op zijn plaats terwijl de was afkoelt. Dicht het gaatje voor de lont aan de buitenkant van de bodem af met gietklei om lekken te voorkomen.*

Manier 2

- *Bevestig de lont aan een pithouder: steek hem door het gaatje en buig de tandjes dicht.*
- *Plaats de pithouder op de bodem van de houder en zet hem daaraan vast met een dun laagje gesmolten was (0,5-1 cm).*
- *Breng de lont naar de bovenkant van de houder.*
- *Zorg ervoor dat de lont strak genoeg is en geen kronkels vertoont, maar trek niet zo hard dat de pithouder loslaat van de bodem.*
- *Gebruik deze manier als je zandkaarsen maakt.*

Gebruik je een geïmproviseerde houder die minder dan 5 cm diep is (votiefgietvormen, schelpen, eierschalen, kokosnoot), bevestig dan een lont-met-ijzerdraad aan de pithouder en plaats de lont op de bodem van de vorm.

Afhankelijk van de diepte van de vorm kun je het andere uiteinde van de lont-met-ijzerdraad om een stokje wikkelen en dat op de rand van de houder laten rusten.

2. Was kiezen, voorbereiden en smelten

Welke soort was je kiest voor gegoten kaarsen hangt af van het soort kaars dat je wilt maken. Gebruik paraffinewas met een laag smeltpunt voor kaarsen in houders; paraffinewas met een gemiddeld smeltpunt voor kaarsen in gietvormen; en paraffinewas met een hoog smeltpunt voor votiefkaarsen of kleine kaarsen in houders.

Was moet altijd schoon zijn en mag geen ongerechtigheden bevatten. Gebruik je was van oude kaarsstompjes, smelt en zeef de was dan eerst met behulp van een stuk kaasdoek of een zeef.

Hoeveel was je nodig hebt hangt af van het formaat van de gietvorm of houder. Vul de vorm eerst met water, of giet het in een plastic zak als je de vorm droog wilt houden. Giet het water vervolgens in een maatbeker en meet de hoeveelheid af. Aan de hand van de onderstaande tabel zet je vloeistofmaten om in maten voor vaste stof.

VLOEISTOFMAAT	EQUIVALENT VASTE STOF
180 ml of 3/4 kop	225 g vaste was
320 ml of 1-1,5 kop	450 g vaste was
640 ml of 3 koppen	900 g vaste was

Bij het smeltproces is de temperatuur van de was belangrijk. Er zijn drie meetpunten die corresponderen met drie verschillende fases: het smeltpunt, de giettemperatuur en het brandpunt.

Het smeltpunt is de temperatuur waarbij de was smelt. Verschillende wassoorten hebben een verschillend smeltpunt. Hoe hoger het smeltpunt, hoe harder de was is en hoe langer de kaars zal branden. Het smeltpunt van een wassoort hoef je tijdens het smelten niet in de gaten te houden, maar als je was koopt is het handig als je weet wat het is, want daaraan is de was te herkennen.

De giettemperatuur is de temperatuur die de was moet hebben als je hem in een vorm of houder giet. Deze temperatuur controleer je met een suikerthermometer. De giettemperatuur varieert afhankelijk van de gebruikte vorm of houder. De juiste giettemperatuur bepaalt uiteindelijk het aanzien van de kaars. Is de was bij het gieten te koud, dan kunnen er luchtbellen in de kaars ontstaan of krijgt deze een 'berijpt' aanzien (een wittige buitenkant). Is de was te heet, dan kan de vorm of houder beschadigd raken, of is de kaars er lastig uit te krijgen. Houd de thermometer in de gaten. Te hete was kun je altijd afkoelen door het vat in een koudwaterbad te zetten. Zie voor giettemperaturen het overzicht op bladzijde 29.

LET OP: *Zuivere bijenwas mag nooit worden gegoten bij een temperatuur hoger dan 70 °C; anders plakt de was aan de gietvorm.*

Het brandpunt is de temperatuur waarbij de was vlamvat. Een paar graden kunnen heel wat uitmaken en je gesmolten was veranderen in een vlammenzee. Onthoud altijd wat het brandpunt van een wassoort is wanneer je de giettemperatuur controleert. Wordt de was te heet, zet het vat dan in een koudwaterbad.

SOORT PARAFFINE	SMELTPUNT	BRANDPUNT
laag smeltpunt	50-55 °C	circa 205 °C
gemiddeld smeltpunt	55-60 °C	circa 230 °C
hoog smeltpunt	60-65 °C	circa 245 °C

3. Was in vorm gieten en laten afkoelen

Wanneer de vorm en de lont klaar zijn en de was de juiste giettemperatuur heeft, is de laatste stap – de was in de vorm of houder gieten – alleen maar een kwestie van behoedzaam en met beleid te werk gaan.

Breng de gesmolten was eerst uit het vat over in een kannetje of iets dergelijks met een schenktuit; dat werkt een stuk gemakkelijker. Pak de au bain-marie-pan met een ovenwant aan, want de greep is vast heel heet. Giet de vloeistof over boven een krant, zodat de was niet op je werkvlak spat. Is de opening van de gietvorm of houder te klein, vul deze dan met behulp van een trechter of sauslepel.

Als de vorm gevuld is, kun je de kaars er pas uit halen als de was is gestold. Je kunt het afkoelingsproces vergemakkelijken door de vorm in een koudwaterbad te zetten; let er dan wel op dat er geen water in de vorm en de was spat. Afkoelen moet geleidelijk gebeuren. Gaat het te snel, dan kunnen er in de kaars luchtbellen, gaten of scheuren ontstaan.

Als de was is afgekoeld, kun je de kaars uit de gietvorm halen. Daarna kun je de kaars aan de buitenkant oppoetsen en gietnaden wegwerken. Poets de kaars met een oude panty mooi glad.

Heeft je kaars een ongelijkmatige en bobbelige onderkant, maak dan een bakplaat of koekenpan warm en zet de kaars er even met de onderkant op, zodat de was een beetje smelt. Druk de kaars op een glad oppervlak en laat hem drogen.

Eenvoudige votiefkaarsen

Votiefkaarsen kun je afzonderlijk, in een mooie speciale houder of in een uitgeholde pompoen neerzetten. Je kunt ze tijdens een picknick op een zomeravond ook in glazen potjes plaatsen, die je dan weer in papieren boterhamzakjes zet – dat geeft een leuk effect. Votiefkaarsen worden meestal met 6-8 tegelijk gemaakt en de werkwijze vergt niet veel tijd.

Ingrediënten

- 900 G PARAFFINEWAS MET
- LAAG SMELTPUNT
- 5 EETLEPELS STEARINEZUUR
- 2 EETLEPELS GLANSKRISTALLEN
- 8 DRUPPELS ETHERISCHE OLIE NAAR KEUZE
- KLEURSTOF (DESGEWENST)

Benodigdheden

- AU BAIN-MARIE-PAN OM WAS TE SMELTEN
- KLEINE PAN OM STEARINEZUUR EN GLANSKRISTALLEN TE
- SMELTEN
- ROERLEPEL (ZO NODIG)
- VOTIEFVORMEN *(bijvoorbeeld een ijsblokjesvorm)*
- LONT-MET-IJZERDRAAD
- PITHOUDERS
- SILICONENSPRAY
- PITNAALD *(breinaald, ijzerdraad)*
- SAUSLEPEL OM WAS IN VORMEN TE GIETEN

- *Bereid de vormen voor door ze in te spuiten met siliconenspray.*
- *Knip de lont op maat; laat 5 cm over voor bevestigen aan stokje.*
- *Bevestig de lonten in pithouders en zet deze op de bodem van de vormen.*
- *Bevestig het andere uiteinde aan het stokje voor de lont; de lont moet strak staan als het stokje op de rand van de vorm rust.*
- *Verhit de was tot zo'n 85 °C.*
- *Smelt stearinezuur en glanskristallen apart en voeg het mengsel toe aan de paraffine.*
- *Voeg desgewenst geur- en kleurstof toe.*
- *Giet de was in de vormen – niet te veel! Prik gaatjes in de was terwijl deze stolt (tegen luchtbellen) en voeg zo nodig meer gesmolten was toe.*
- *Laat de was 1 uur harden – of tot hij is afgekoeld.*
- *Zet de vormen 10 minuten in de koelkast en haal de kaarsen dan uit de vormen.*

Recept voor zandkaarsen

Kaarsen maken met zand als gietvorm is zo leuk, dat je huis voor je het weet vol staat met maffe in zand gemaakte vormen. De werkwijze is hetzelfde als wanneer je een gewone gietvorm zou gebruiken, alleen is zand nu de gietvorm.

Kaarsen gieten in zand staat je veel vrijheid toe en je kunt je kaars er allerlei vormen mee geven. Een voetafdruk, een piramide of een handafdruk kunnen net zo gemakkelijk in vochtig zand worden gevormd als de afdruk van een schaaltje of doosje. Bovendien kun je meerdere lonten gebruiken, wat vooral raadzaam is bij een grote, platte vorm. Wat dacht je bijvoorbeeld van een 'handkaars', met een lont aan elke vingertop en twee in de handpalm?

De temperatuur waarbij de was in het zand wordt gegoten bepaalt of het zand al dan niet aan de buitenkant van de kaars blijft vastplakken; dit kun je zelf bepalen. Is de was bij het gieten 65-75 °C, dan plakt het zand niet aan de kaars. Dat gebeurt wel als de temperatuur van de was 120-145 °C is; je kaars lijkt dan van zand te zijn gemaakt.

Ingrediënten

- PARAFFINEWAS MET EEN HOOG SMELTPUNT; DE HOEVEELHEID HANGT AF VAN DE VORM
- KLEUR- EN GEURSTOF (DESGEWENST)

Benodigdheden

- AU BAIN-MARIE-PAN OM WAS TE SMELTEN
- LEPEL OF VORK OM DE STRAAL GESMOLTEN WAS TIJDENS HET GIETEN TE ONDERBREKEN
- SCHOON ZAND, ZONDER ONGERECHTIGHEDEN
- WATER OM HET ZAND VOCHTIG TE MAKEN
- GROTE DOOS OF BAK OM HET ZAND IN TE DOEN
- LONT-MET-IJZERDRAAD

• SCHENKKAN OM DE WAS IN HET ZAND TE GIETEN
• DUNNE BREINAALD OF BOORTJE OM GAATJES VOOR DE LONT IN DE KAARS TE MAKEN

- *Doe schoon zand in een doos of bak en voeg er zoveel water aan toe dat het vochtig wordt en in vorm blijft als je er een vorm in drukt en die weer weghaalt. Maak het niet te nat.*
- *Smelt de was tot hij 65-70 of 120-145 °C is, afhankelijk van de wens of het zand op de kaars moet blijven zitten.*
- *Voeg desgewenst kleur- en geurstof toe.*
- *Giet de was langzaam in de zandvorm. Onderbreek/verspreid de straal met een lepel of vork; doe je dat niet, dan raakt het zand uit vorm als je de was erin giet.*
- *Langzaam zal de was in het zand sijpelen; blijf gieten tot de vorm geleidelijk aan gevuld raakt.*
- *Sijpelt er geen was meer door naar het zand om de vorm, prik dan voorzichtig gaatjes in de was om luchtbellen en -blazen te verwijderen en te controleren of het doorsijpelen is gestopt. Vul de gaten zo nodig bij met een beetje extra was.*
- *Is je vorm relatief ondiep (5 cm of minder), wacht dan tot de was begint te stollen, maar nog zacht genoeg is om er een of meer lonten in te steken. Bovenaan moet de lont een stukje uitsteken.*
- *Laat de kaars 3-4 uur drogen tot hij helemaal hard is.*
- *Is je vorm dieper dan 5 cm, laat de kaars dan minstens 4 uur drogen, of tot de was helemaal is uitgehard. Haal hem dan pas uit het zand. Neem een heel dunne breinaald (of een boortje), maak deze in kokend water in een paar minuten warm en prik met de warme breinaald (of het boortje) een of meer gaatjes in de was. Steek vervolgens lont(en) erdoorheen. Is het gaatje te wijd, vul het dan van onder- en van bovenaf bij met een beetje gesmolten was, zodat de lont goed vast komt te zitten.*

Recept voor kaarsen in houder

Dit basisrecept kan worden aangepast voor de meeste kaarsen in grote of kleine houders. Kies een lont die past bij het formaat van de houder en het soort gebruikte was. Kleine plat gevlochten lonten voor kaarsen met een doorsnee van 5 cm of minder; middeldikke plat gevlochten lonten voor kaarsen met een doorsnee vanaf 5 cm. Vierkant gevlochten lont gebruik je voor kaarsen van zuivere bijenwas of bijenwas-paraffinemengsels. Is je houder diep (circa 5 cm of meer), gebruik dan een pithouder om de lont onder in de houder te houden en een stokje om hem bovenaan vast te zetten. Voor houders minder dan 5 cm diep (schelp, walnootdop, eierschaal) is een stokje voor de lont niet nodig; als je lont-met-ijzerdraad plus een pithouder gebruikt, blijft de lont vanzelf staan, als je de was tenminste voorzichtig giet.

Ingrediënten

- PARAFFINEWAS MET LAAG TOT GEMIDDELD SMELTPUNT *(bepaal hoeveel was je nodig hebt volgens de methode op bladzijde 60)*
- GEUR- EN KLEURSTOF (DESGEWENST)

Benodigdheden

- AU BAIN-MARIE-PAN OM DE WAS TE SMELTEN
- KLEINE PUDDINGVORM OF ANDER SCHAALTJE
- KLEINE MAAT LONT-MET-IJZERDRAAD
- PITHOUDER
- SAUSLEPEL OM DE GESMOLTEN WAS IN DE BAKJES TE GIETEN

- *Zorg ervoor dat de houders schoon en droog zijn.*
- *Knip een stuk lont-met-ijzerdraad zo af, dat er 2,5 cm lont boven uit het bakje steekt.*
- *Bevestig de lont in de pithouder en plaats deze op de bodem van het bakje.*
- *Verhit de was tot 80-85 °C.*
- *Voeg desgewenst kleur- en geurstof toe.*
- *Giet de was met de sauslepel langzaam in het bakje; vul het voor driekwart.*
- *Controleer of de lont rechtop staat en niet in de was 'verdrinkt'.*
- *Laat de was 3-4 uur drogen tot hij helemaal is uitgehard.*

Een gegoten kaars kan zo simpel en elegant zijn als een traditionele rechte kaars, of zo ingewikkeld en gedetailleerd als een kopie van een beeldje uit de Ming-dynastie. Het kan een kaars met een vrije vorm zijn, gegoten in een nestje van aluminiumfolie, of een vierkant blok, gegoten in een leeg melkpak. Wat voor gietvorm je ook gebruikt – uit de winkel, traditioneel, wegwerp of niet-wegwerp – de werkwijze is gelijk: je giet gesmolten was in een vorm waar de was in blijft zitten tot hij is uitgehard, waarna de vorm wordt verwijderd.

Afgezien van de gietvorm zijn de enige andere variabelen het soort was dat je gebruikt (bijenwas, paraffine, of een mengsel), de giettemperatuur van de was (geïmproviseerde wegwerpvormen lenen zich meestal beter voor lagere temperaturen dan vormen uit de winkel), de maat lont en de gekozen toevoegingen.

Het recept hieronder is heel simpel, en je hebt er maar weinig tijd en spullen voor nodig. Voor wie net met kaarsen maken begint is het een leuk eerste project.

Minikaars met lavendel

Ingrediënten

- 450 G PARAFFINEWAS MET GEMIDDELD SMELTPUNT (55-60 °C)
- 110 G PARAFFINEWAS MET HOOG SMELTPUNT (MEER DAN 60 °C)
- 6 DRUPPELS ETHERISCHE LAVENDELOLIE
- 1 PAARS KRIJTJE, IN STUKJES GESNEDEN
- 0,5 KOP GEKNEUSDE LAVENDELBLOEMEN

Benodigdheden

- AU BAIN-MARIE-PAN OM DE WAS TE SMELTEN
- ROERLEPEL (DESGEWENST)
- LEEG SOEPBLIK

Vervolg benodigdheden...

- MOULD-RELEASE OF SILICONENSPRAY
- PLAT GEVLOCHTEN LONT (30-32 DRADEN)
- PITNAALD *(potlood, eetstokje of breinaald)*
- GEWICHTJE VOOR LONT *(knijper of kleine moer)*
- BAKPAPIER
- KWASTJE
- BAKPLAAT OF KOEKENPAN VOOR EFFENEN ONDERKANT KAARS *(desgewenst)*
- SAUSLEPEL

- *Bereid het soepblik (gietvorm) voor door de binnenkant in te spuiten met siliconenspray.*
- *Spreid de lavendelbloemen uit op een vel bakpapier.*
- *Knip een stuk lont af dat minstens 5 cm langer is dan het blik hoog is.*
- *Bevestig het gewicht aan een uiteinde van de lont en plaats het op de bodem van het blik.*
- *Bevestig het andere uiteinde aan het stokje; trek de lont zo strak, dat er geen kronkels zijn als het stokje op de rand van het blik rust.*
- *Verhit de paraffinewas met gemiddeld smeltpunt in de au bain-marie-pan tot circa 85 °C.*
- *Voeg aan de gesmolten was stukjes krijt toe en roer tot ze helemaal zijn opgelost.*
- *Voeg etherische lavendelolie toe.*
- *Schep het soepblik vol met de gesmolten was.*
- *Laat de was stollen en afkoelen (ongeveer 3 uur).*
- *Haal de kaars uit de vorm.*
- *Vlak de onderkant van de kaars af door hem een paar seconden op een warme bakplaat of in een koekenpan te zetten.*
- *Verhit de paraffinewas met hoog smeltpunt tot 95-100 °C.*
- *Bedek met behulp van het kwastje de buitenkant van de kaars met een laagje was, en rol hem over het bakpapier met de lavendelbloempjes.*

Rollen

Gerolde klaarsen – stomp of taps toelopend – zijn in al hun eenvoud heel elegant. Het zijn ook de gemakkelijkste kaarsen om te maken, want je hoeft er weinig moeite voor te doen en hebt weinig ingrediënten en spullen nodig.

Voor een gerolde kaars heb je alleen een vel was en een lont nodig.

Er bestaan drie verschillende soorten wasvellen, van goedkoop tot duur: zuivere bijenwas met honingraatpatroon, vellen van een bijenwas-paraffinemengsel, en vellen van paraffinewas. De vellen meten in de regel 20 bij 40 cm en kunnen met een scherp mes in de lengte worden doorgesneden als je kortere kaarsen wilt maken. De vellen moeten op kamertemperatuur zijn om ze te kunnen rollen zonder breken of scheuren; je kunt ze zo nodig met een haarföhn warm maken. Maar doe voorzichtig, want de vellen zijn dun en smelten snel.

Gebruik voor vellen van bijenwas een gemiddelde maat plat gevlochten lont (30-32 draden). Voor vellen paraffinewas of een mengsel van paraffine en bijenwas is een gemiddelde maat vierkant gevlochten lont geschikt. Knip de lont zo af, dat hij 5 cm langer is dan de kaars die je wilt maken. Leg het vel was op een plat oppervlak neer en plaats de lont langs een korte kant evenwijdig aan de rand zodat hij onder en boven 2,5 cm uitsteekt. Vouw er een beetje was omheen en druk de lont stevig vast. Rol het vel was langzaam op en druk hem aan, zodat er geen luchtbellen tussen komen. Rol in een rechte lijn; dan worden de boven- en onderkant van de kaars mooi gelijk. Knip als het vel helemaal is opgerold de lont bij en snijd de onderkant van de kaars met een scherp mes recht af. Maak een bakplaat of koekenpan warm en houd de onderkant van de kaars er even op, zodat die enigszins smelt. Zo worden ook de windingen vastgesmolten, zodat ze niet onverhoeds los kunnen rollen.

PROBLEEM	OORZAAK	OPLOSSING
Luchtbellen in was:	was te koud gegoten	• *schraap ze voorzichtig weg als ze aan het oppervlak zitten; neem volgende keer hogere giet-temperatuur*
	te snel gegoten	• *giet langzamer*
Lucht in was tijdens gieten:		• *tik bij gieten zachtjes tegen gietvorm om lucht te bevrijden*
	kaars afgekoeld op tocht	• *vermijd tocht tijdens drogen*
Kaars gaat niet uit vorm:	te heet gegoten	• *zet kaars een paar minuten in koelkast; misschien lukt het nu*
	vorm onvoldoende ingespoten	• *gebruik volgende keer meer spray*
	stearinezuur gebruikt	• *gebruik geen stearinezuur bij rubber of plastic vormen*
Barstjes in kaars:	te snel afgekoeld	• *controleer temperatuur van koudwaterbad; het mag niet te koud zijn*
Vlekkerige buitenkant:	te snel afgekoeld	• *controleer temperatuur waterbad*
Te veel olie in was:		• *gebruik hardere was*
	te veel spray	• *gebruik minder*
Verkeerde geur:		• *geurstof moet zich met was kunnen vermengen; probeer het met minder*
'Rijp' op kaars:	te koud gegoten	• *verhoog giettemperatuur*
	vorm te koud	• *verwarm vorm voor het gieten*
	te veel stearinezuur	• *gebruik minder*

PROBLEEM	OORZAAK	OPLOSSING
Lijnen/naden op oppervlak:	lijnen/naden in vorm	• *poets oppervlak op met panty*
Kaars brokkelt af:	te veel stearinezuur	• *gebruik minder*
Vlam sputtert:	water in lont of was	• *zorg voor droge lont* • *bereid lont voor* • *vermijd water in was*
Kaars walmt:	veel olie in was lont is te groot	• *gebruik hardere was* • *gebruik kleinere lont*
Luchtbellen in kaars:		• *verhoog giettemperatuur en tik tijdens gieten tegen de kaars om lucht te laten ontsnappen*
Lont te lang:		• *snuit kaars regelmatig*
Kaars brandt ongelijkmatig:	kaars staat op tocht	• *vermijd tocht*
Vlam verdrinkt in waspoel:	lont te klein was te zacht vuiltjes rond lont	• *gebruik grotere lont* • *gebruik hardere was of voeg meer stearinezuur toe* • *gebruik minder kleur- en/of geurstof*
Vlam te klein:	lont te klein was te hard	• *gebruik grotere lont* • *gebruik was met een lager smeltpunt*
Lont brandt midden uit kaars i.p.v. over volle breedte:	was te hard lont te klein	• *gebruik zachtere was* • *gebruik grotere lont*

Tips voor veiligheid

- Giet gesmolten was nooit door de afvoer; de was stolt en leidt tot verstopte leidingen.

- Zorg er altijd voor dat er genoeg water in de onderste helft van je au bain-marie-pan zit.

- Loop nooit even weg als je was aan het smelten bent.

- Vliegt je gesmolten was in brand, doe dan het deksel op de pan en draai het vuur uit.

- Houd een vochtige doek bij de hand om het vuur van in brand gevlogen was te doven.

- Doof het vuur van brandende was niet met water; op die manier verspreiden de vlammen zich alleen maar.

- Krijg je gesmolten was op je vinger, doop die dan onmiddellijk in koud water en pel de gestolde was eraf.

DEEL II

Potpourri

Parfum, wierook en potpourri – of ze nu worden gebruikt vanwege de sfeer, het aroma, religieuze plechtigheden of zelfs om geurtjes te camoufleren – hebben sinds bijbelse tijden een prominente plaats in onze geschiedenis ingenomen.

De bijbel (Exodus 30:23 en 30:34) verhaalt over heilige olie die wordt gemaakt van mirre, wierook, kaneel, kalmoes en cassia. Men verbrandde binnenshuis aromatische planten, vloeren werden bestrooid met zoetgeurende bladeren, en de doden werden begraven met hun lievelingsparfums naast zich. De hoogste Egyptische priesters stonden bekend om hun karakteristieke gebruik van geuren, en ondanks verwoede pogingen om hun recepten geheim te houden vormen ze de inspiratiebron voor het gebruik van geuren vandaag de dag. Veel van de basisingrediënten die in de tijd van Cleopatra werden toegepast, gebruikt men tegenwoordig nog steeds, zoals kaneel, jeneverbes, wierook en mirre. Haar bekendste toepassing van geur en bloemen was wel het tapijt van verleidelijk ruikende rozenbloemblaadjes (volgens de verhalen tot kniehoogte uitgestrooid), dat voor Marcus Antonius ongetwijfeld wonderen verrichtte als hij zich naar haar vertrekken begaf.

De oude Grieken en Romeinen stonden ook bekend om hun gebruik van geur; ze lieten niet alleen hun lichaam en de kamers in hun huizen lekker ruiken, maar ook hun huisdieren.

Toen de internationale handel zich ontwikkelde, raakten exotische kruiden, specerijen en bloemen uit verre landen zoals Egypte erg in trek. Handel en reisverkeer vielen samen met de explosieve ontwikkeling van de verstedelijking in Europese landen, dat ook zijn schaduwzijden had: overbevolking, slechte persoonlijke hygiëne en algemene sanitaire voorzieningen, weinig vers water en weinig middelen om de overweldigende geuren van het dagelijks leven te camoufleren.

Potpourri, parfums, zalven en wierook gingen bij het leven horen. In het 16e-eeuwse Engeland was het tijdens het bewind van Elizabeth I mode om kruiden te gebruiken tegen muffe geuren in huis. Vloeren werden bedekt met speciaal uitgekozen kruiden die de kamer verfristen zodra iemand er een voet binnenzette. De voorlopers van de potpourri zoals wij die nu kennen – mengsels van bloemen en kruiden in zakjes – werden gebruikt om kasten lekker te laten ruiken, de lucht te verfrissen en ongedierte op afstand te houden.

Creatief werd er gebruikgemaakt van geurige planten. Kussens en matrassen werden met rozenbloemblaadjes gevuld. Er werd hop aan toegevoegd om zijn slaapbevorderende werking. Mensen droegen kleine boeketjes bij zich om de lucht om hen heen lekker te laten ruiken. Door het hele huis heen werden op strategische plaatsen geurzakjes neergelegd. In de tijd van koningin Victoria (1837-1901) raakten dames van stand er heel

bedreven in hun eigen persoonlijke geur samen te stellen in de vorm van potpourri, meestal met zorgvuldig gekweekte ingrediënten uit eigen tuin, zoals bloemen, kruiden, specerijen en dennenappels. De 19e-eeuwers maakten intensief studie van planten en bloemen; aan elke plant schreef men bepaalde eigenschappen en een bepaalde toepassing toe.

Vroege potpourri's waren vochtige mengsels (potpourri betekent in het Frans letterlijk 'rotte pot'), samengesteld uit verse bloemblaadjes (meestal rozen), zout en kruiden die rijpten in een gesloten glazen pot. Hoewel potpourri op deze manier een sterkere geur krijgt, is het resultaat voor het oog een stuk minder aangenaam. Anderzijds blijft vochtige potpourri veel langer goed, evenals de geur.

Vandaag de dag is aromatherapie erg populair. Veel mensen geloven dat ons reukvermogen ons in contact brengt met belangrijke emoties, en dat geur en aroma effectief kunnen worden aangewend om de stemming te veranderen of versterken. Bij vrijwel iedereen roept de geur van vers gebakken brood of appeltaart bepaalde herinneringen op, en we worden plotsklaps overstroomd door emoties als we iets ruiken dat ons doet denken aan onze jeugd. Potpourri kan een subtiele toevoeging zijn aan je interieur en kan de gedachte oproepen aan de warmte van de lente of de oogst van de herfst; het kan je ontspannen of stimuleren, en zorgt overal voor een zinnenstrelende sfeer.

Potpourri kun je van bijna elk organisch en soms ook van synthetisch materiaal maken. De basiselementen zijn: vulling (gedroogde bloemblaadjes, knoppen, vruchten, mos, schors, pailletten, kralen enz.); geur (geurolie, etherische olie, bepaalde gedroogde aromatische bloemen, kruiden en vruchten); en fixeer (specerijen, mos, wortels en poeders die ervoor zorgen dat het aroma behouden blijft).

Als je een geurige, aantrekkelijk ogende potpourri wilt maken, begin je in de tuin (of bij de bloemist) – of je koopt gedroogde bloemen (zie achter in boek), slaat de eerste stappen over en begint halverwege. De stappen van het potpourri maken komen in het kort hierop neer:

1. Verzamel je ingrediënten – maak aantekeningen! Het is altijd leuk om later nog te weten welke ingrediënten je hebt gebruikt.

2. Droog de ingrediënten.

3. Voeg de gedroogde ingrediënten samen.

4. Vermeng geur- en fixeermiddel.

5. Voeg het geur-fixeermengsel toe aan de gedroogde ingrediënten.

6. Laat de potpourri in een gesloten pot op een donkere plek rijpen en schud bijna elke dag.

7. Zoek een mooi bakje, schik je potpourri erop en laat je huis baden in verrukkelijke geuren!

Op een paar ingrediënten na (met name synthetische fixeermiddelen) zul je de meeste spullen voor het maken van aromatische potpourrimengsels al wel in huis hebben: in de keuken of de garage, of op zolder.

- TUINSCHAAR:
  Om zelf planten af te knippen. Met een scherpe schaar knip je ze mooi af.

- SNOEISCHAAR:
  Handig als je dikke of taaie plantenstengels wilt gebruiken.

- TUINMAND:
  Om afgeknipte bloemen, takken, kruiden en dennenappels in te doen.

- LUCHTDICHTE DOOS of BLIK:
  Om planten te drogen met droogmiddel.

- GLAZEN POTTEN (met deksel of plastic bak met luchtdicht deksel):
  Om je mengsels in te doen terwijl ze rijpen.

- ELASTIEKJES:
  Om bosjes bloemen of kruiden te drogen. Soms is elastiek

handiger dan touw, want stengels veranderen tijdens het drogen van vorm en formaat.

- TOUW:
  Om bosjes planten op te hangen om ze te drogen.

- ZAND:
  Fijn, zuiver zand is voor veel bloemen als droogmiddel te gebruiken. Bij de meeste ijzerhandelaars, tuincentra, dierenwinkels en hobbyzaken kun je 'schelpenzand' kopen.

- KWASTJE:
  Om kiezelzuur op tere bloemen aan te brengen.

- SPUITFLESJE (desgewenst):
  Om potpourri gelijkmatig te bespuiten met fixeermiddel.

- DROOGAPPARAAT voor levensmiddelen (desgewenst):
  Om bloemen, vruchten, bladeren en groenten te drogen. Te koop in goed gesorteerde keukenwinkels.

- KOFFIE- of KRUIDENMOLEN, of BLENDER (desgewenst):
  Om kruiden, specerijen en iriswortel (fixeer) fijn te malen.

- PLATTE MAND of ROOSTER:
  Om bladeren, citrusvruchten en ander materiaal te drogen.

- ROESTVRIJ STALEN MAATLEPELS:
  Om fixeermiddel af te meten.

- GLAZEN of ROESTVRIJ STALEN MAATBEKERS:
  Om grote hoeveelheden ingrediënten mee af te meten.

- GROTE AARDEWERK MENGKOM:
  Om vulling, fixeer en geurmiddel te vermengen.

- ROERLEPEL:
  Om de ingrediënten goed te vermengen.

- VIJZEL en STAMPER:
  Om kruiden en specerijen te kneuzen.

- GLAZEN DRUPPELAAR:
  Om etherische of geurolie af te meten.

- SILICAGEL:
  Om planten te drogen; te koop bij de meeste bloemen- en hobbywinkels.

Potpourri bestaat uit drie basisingrediënten:
VULLING, FIXEER & GEURMIDDEL

Vulling

Vulling is wat de potpourri 'body' geeft: een mengeling van plantaardige elementen – zoals kleurige bloemen, bladeren, kruiden, vruchten, bessen, noten, hout, schors, mos en dennenappels – waardoor de potpourri een aromatische toevoeging wordt aan elke woning. Elk element van de 'body' levert door zijn eigen formaat, vorm, kleur en textuur (zie 'Eigenschappen van vulling' verderop) een bepaalde bijdrage aan het eindresultaat.

Dit plantaardige materiaal levert niet alleen de esthetische basis voor zelfgemaakte geurmengsels met etherische olie of geurolie, maar geeft ook zijn eigen subtiele geur aan de potpourri af, wat vooral geldt voor geurige bloemblaadjes.

Van oudsher vormden rozen het belangrijkste bloemeningrediënt, maar de creatieve mengsels van tegenwoordig maken gebruik van bijna elke bloem die denkbaar is, van stevige bermbloemen tot exotische bloesem. Je kunt uit een oneindig aantal bloemen kiezen, van azaleablaadjes tot zinnia's, elk met zijn eigen karakteristieken en eigenschappen. Men gebruikt bloemblaadjes, knoppen of hele gedroogde bloemen.

Tot de meest populaire ingrediënten behoren gipskruid, amarant, calendula, delphinium (ridderspoor), anjers, goudsbloem en lavendel. Veel van deze bloemen zijn in reeds gedroogde vorm te koop bij winkels voor potpourri-ingrediënten, bloemisten, kwekerijen e.d. (zie achterin), maar het is ook leuk om de planten zelf te verzamelen en te drogen (zie 'Droogmethodes', bladzijde 112).

BLOEMEN			
NAAM	**KLEUR(EN)**	***EIGENSCHAPPEN/ BESCHRIJVING***	**DROOGMETHODE**
GIPSKRUID *Gypsophila paniculata*	wit	*fijne witte bloempjes, vaak gedroogd, gebruik hele bloemstengel, in 19e eeuw symbool van eeuwigdurende liefde*	aan de lucht
ANJER *Dianthus caryophyllus*	rood	*van oudsher symbool van vriendschap*	aan de lucht/silica
MARGRIET *Chrysanthemum leucanthemum*	wit	*19e-eeuws symbool van eenvoud*	aan de lucht
VINGERHOEDS-KRUID *Digitalis purpurea*	paars, lila tot wit	*fraaie bloemen in vorm van vingerhoed aan lange sten-gel*	aan de lucht/droog-middel, gebruik hele bloemstengel
FRESIA *Freesia refraca*	meestal geel, soms paarsig, roze, rood	*stengels met elegante buis-vormige bloemen*	droogmiddel
GERANIUM *Pelargonium zonale*	rood, wit, roze	*gebruik geraniums voor een heerlijke geur, in 19e eeuw symbool van voornaamheid*	aan de lucht, ge-bruik afzonderlijke blaadjes of de hele bloem
AMARANT *Amaranth*	rood, roze, oranje, wit	*rijke kleur, bloem blijft lang goed en behoudt geur, in de 19e eeuw symbool van eeu-wige vriendschap*	aan de lucht
KOGELDISTEL *Echinops ritro*	blauw	*gebruiken voordat bloem zich ontwikkelt; krachtige vorm*	

BLOEMEN *(vervolg)*			
NAAM	**KLEUR(EN)**	**EIGENSCHAPPEN/ BESCHRIJVING**	**DROOGMETHODE**
HYDRANGEA *arborescens*	wit	*fraaie en veelzijdige bloem*	aan de lucht/in pers
HORTENSIA *macrophylla*	blauw, roze	*klassieke, romantische stijl en kleur*	gebruik hele bloem of afzonderlijke bloempje
JASMIJN *diverse soorten*	wit	*oosters aroma/exotische bloem, symbool van beminnelijkheid*	droogmiddel
LAVENDEL *Lavandula angustifolium*	paars/blauw	*pittige geur, duurzaam, gebruik hele stengel of gekneusde bloemen, gemakkelijk verkrijgbaar, in 19e eeuw symbool van devotie en reinheid*	aan de lucht
RIDDERSPOOR *delphinium ambigua*	roze, blauw, wit	*gemakkelijke droogbloem, heldere vaste kleur, stevige stengel*	aan de lucht
RIDDERSPOOR *Delphinium elatum*	blauw, lila, roze, wit	*symbool van lichtheid en luchthartigheid*	aan de lucht
GOUDSBLOEM *Tagetes patula*	feloranje, geel	*kleur blijft lang goed, teer na drogen*	aan de lucht/ in de oven
MIMOSA *Acacia dealbata*	geel	*zeer erotisch, gebruik hele tak of losse bloesem*	aan de lucht/ in pers
ORCHIDEE	wit, roze	*exotisch, zeer geurig, hele bloem vormt fraaie finishing touch*	droogmiddel
PIOEN *Paeonia lactiflora*	roze, rood, wit, crème	*volle bloem, 19e-eeuws symbool van verlegenheid*	aan de lucht, gebruik knop/bloem

BLOEMEN *(vervolg)*			
ROOS	rood, roze, oranje, crème of geel	*klassiek potpourri-ingrediënt, gebruik bloemblaadjes, knoppen, blad of hele bloem, symbool van luxe, romantiek en liefde, gedroogd gemakkelijk verkrijgbaar*	aan de lucht, droogmiddel
STATICE	blauw, paars, roze, wit, geel	*na drogen teer, gemakkelijk verkrijgbaar, gebruik hele stengel/groepjes*	droogmiddel
STROBLOEM *Hilichrysum bracteatum*	rood, roze, oranje, geel	*stevige bloem met heldere kleuren geschikt voor veel recepten, hele bloem of bloemblaadjes, 19e-eeuws symbool van vriendschap*	aan de lucht/ droogmiddel
ZONNEBLOEM *Helianthus annuus*	heldergeel	*behoudt goed kleur, gebruik bloemblaadjes of hele bloem*	aan de lucht
TULP	rood, geel, wit, roze, paars	*opvallende toevoeging aan ieder mengsel, gebruik hele bloem voor extra 'drama'*	droogmiddel
DUIZENDBLAD *Achillea millefolium*	roze	*goed aan lucht te drogen, plat bloemscherm, gebruik bloemblaadjes of hele bloem, 19e-eeuws symbool van gezondheid*	aan de lucht
ZINNIA *Zinnia elegans*	geel, oranje, rood	*de rijke kleuren zijn heel geschikt voor herfstarrangementen, zeer sterk en gemakkelijk verkrijgbaar, gebruik hele gedroogde bloemkop, 19e-eeuws symbool van vriendschap*	droogmiddel

Gedroogde vruchten en bessen kunnen in potpourri heel leuk zijn vanwege hun textuur, vorm en geur, en zeker ook vanwege hun kleur. Citroenen, limoenen, sinaasappels en kumquats zijn gemakkelijk te drogen en zien er fraai uit, ofwel als hele vrucht, ofwel in de vorm van schijfjes of stukjes schil. Je kunt schijfjes gedroogde grapefruit en granaatappel gebruiken voor het visuele effect, en gedroogde schijfjes appel of schil zijn een geurige toevoeging. Bessen – die voor levendige kleuraccenten zorgen – zijn eenvoudig te verwerken, want je hoeft ze niet te pellen of te schillen. Cranberry's, bosbessen, rozenbottels en zelfs peperkorrels zorgen door hun vorm en geur lange tijd voor evenwicht tegenover bladachtige ingrediënten zoals eucalyptusblad, citroengras en hulst. Vergeet niet ook meer exotische elementen toe te voegen, zoals gedroogde schijfjes banaan en ananas.

VRUCHTEN, GROENTEN & BESSEN	
NAAM/SOORT	**BESCHRIJVING EN TOEPASSING**
APPEL	*heerlijk aroma en gemakkelijk te verwerken; gedroogde appelschijfjes geuren warm en gezellig in herfstmengsels*
ARTISJOK	*baby-artisjokken zijn interessante toevoegingen aan potpourri; houd ze heel bij wijze van contrasterend element*
BESSEN	*in hun geheel gebruiken*
ALLSPICE	*deze bruine bessen geven mengsels een pittige geur*
BOSBES	*seizoensgebonden*
CRANBERRY'S	*seizoensgebonden*
JENEVERBES	*gekneusd of in hun geheel geven deze bessen een houtachtige uitstraling en aroma*
CITRUS	*bijna elke citrusvrucht kan op vele manieren worden toegepast; verwijder de schil van hele gedroogde vruchten, of gebruik stukjes*
GRAPEFRUIT CITROEN LIMOEN KUMQUAT SINAASAPPEL	*schil ruikt lekker en oogt fraai*
MAIS	*gedroogde korrels zorgen voor kleur en zijn mooi in herfstrecepten*
GRANAATAPPEL	*gemakkelijk zelf te drogen (schep de zaadjes er aan één kant uit en droog ze in de oven); voor een exotisch accent*
PERZIK	*schijfjes gedroogde perzik, romantisch en zoet, passen goed in vrouwelijke mengsels van perzik en roze bloemblaadjes*

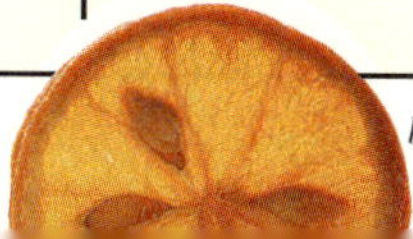

Kruiden zoals dille, kamille, koriander, majoraan, rozemarijn en oregano zijn nog maar een paar voorbeelden van kruiden die veel in potpourrimengsels worden gebruikt. Tot de specerijen behoren kruidnagel, kardemom, gemberwortel, kaneel, nootmuskaat, vanille en steranijs. Echte potpourriliefhebbers vermalen hun eigen specerijen in een koffiemolen, blender of met behulp van een vijzel en stamper. Het aroma is dan krachtiger dan bij van tevoren gekneusde ingrediënten uit de winkel.

KRUIDEN & SPECERIJEN		
NAAM	**BESCHRIJVING**	**TOEPASSING**
BASILICUM *Ocimum basilicum*	*fraaie, middelgrote blaadjes met aromatische geur, in de 19e eeuw betekende basilicum 'de beste wensen in de liefde'*	blad
BERGAMOT *Monarda didyma*	*mooie rode bloemen*	bloemen en blad
KARDEMONZAAD		*deze zaadjes geven een aards exotische geur en doen het goed in oosterse of citrusmengsels*

KRUIDEN & SPECERIJEN *(vervolg)*		
NAAM	**BESCHRIJVING**	**TOEPASSING**
KAMILLE *Chamaemelum nubile*	*kleine gele bloempjes*	bloem en blad
KANEEL	*heerlijk kruidig aroma, bast/hele stokjes hebben interessante langgerekte vorm, geassocieerd met feestdagen*	kleine stukjes
KRUIDNAGEL *Eugenia caryophyllata*	*sterk geurende ongeopende bloemkop, fraaie vorm en heerlijk aroma, geassocieerd met feestdagen*	heel of gekneusd
KORIANDER *Coriandrum sativum*	*met kruidige boventoon*	zaad, gekneusd of heel
DILLE *Anethum graveolens*	*bloemen met verse kruidengeur en/of blad*	kleine gele bloempjes
HOP *Humulus lupulus*	*lichtgroen kruid bekend om slaapverwekkende werking*	bloem en/of blad
CITROENMELISSE *Melissa officinalis*	*heerlijk citrusaroma*	blad
CITROENVERBENA *Aloysia triphylla*	*blad heeft heerlijke citroenachtige geur*	blad
MAJORAAN/OREGANO *Origanum majorana*	*roestkleurig geurig kruid met bloemen en/of blad*	groepjes roze bloempjes
MUNT *Mentha*	*kleine bloempjes rond stengel frisse geur*	blad en/of stengel

Marigold
Marjoram

KRUIDEN & SPECERIJEN *(vervolg)*		
NAAM	**BESCHRIJVING**	**TOEPASSING**
NOOTMUSKAAT *Myristica fragrans*	*boomzaad met sterk aroma*	hele of geraspte noot
PATCHOULI *Pogostemon cablin*	*aromatisch kruid, vaak gebruikt in oosterse mengsels*	blad
ROZEMARIJN *Rosmarinus officinalis*	*lange, naaldvormige blaadjes met een heerlijk kruidige geur*	blad, stengel en bloem
SALIE *Salvia officinalis*	*paarse en roze bloemen*	blad
STERANIJS	*stervormige vruchtjes met lekkere licht-zoete geur, geschikt voor pittige en citrusmengsels*	zaad
LAURIER, ZOETE *Laurus nobilis*	*het mooie blad maakt dit kruid geschikt voor keukenmengsels*	blad
TIJM Thymus	*roze*	bloem en/of blad
VANILLE *Vanilla planifola*	*geurig en exotisch, warm en sensueel*	heel of gekneusd stokje

Blad, hout, mos, vruchtkegels, noten, zaden, grassen & hars

Naast stralende bloemen zijn er bladeren, waarvan er veel niet alleen zorgen voor een aangename achtergrond van je palet, maar ook een eigen geur hebben. Je kunt bijna elk blad gebruiken. Er is groot, kantachtig blad zoals van varen, klein rond blad zoals van buxus, kleurig esdoornblad verzameld tijdens een herfstwandeling, en plat, doorzichtig 'blad' van judaspenning. Blad van kruiden geeft je mengsel een ander accent; probeer eens mint, basilicum, tijm, rozemarijn, lavendel of ijzerhard. Andere plantaardige ingrediënten, zoals schors, vruchtkegels, mos, noten en zelfs zaden ronden de meeste recepten af en kunnen voor het oog leuk staan. Vrij gemakkelijk te vinden en heel geschikt voor winterpotpourri's zijn vruchtkegels van berk, ceder, den en spar. Sommige hebben bovendien fixerende eigenschappen, zodat ze het mengsel langer houdbaar maken.

Hout – in de vorm van krullen of snippers – voegt elegantie en diepte aan de meeste mengsels toe. Probeer eens hickory (bitternoot) of ceder (kijk eens in een dierenwinkel), of sassafras en sandelhout; deze soorten hebben allemaal een heerlijke subtiele geur. Appelhout kan erg lekker zijn in een voorjaarsmengsel. Berkenhout maakt mengsels aards en kan wit, groen of bruin zijn. Verzamel schors tijdens een boswandeling, maar haal nooit bast van een levende boom! Mos is goedkoop, gemakkelijk verkrijgbaar (bij bloemisten, tuincentra en hobbyzaken), dient als extra fixeermiddel en staat mooi in vrijwel elk soort potpourri.

** Zie ook overzicht kruiden & specerijen*

BLAD, HOUT, MOS, VRUCHTKEGELS, NOTEN, ZADEN, GRASSEN & HARS

SOORT SCHORS	NAAM	BESCHRIJVING
		• je kunt vrijwel elke schors gebruiken, probeer stukjes, krullen, snippers of kies zelf de vorm, schors dient ook als fixeer en absorbeert geur
	BERKENBAST	*• de witte berk levert mooie krullen*

BLAD, HOUT, MOS, VRUCHTKEGELS, NOTEN, ZADEN, GRASSEN & HARS		
SCHORS	KANEEL*	• *aromatisch*
	SASSAFRAS	• *houtachtig en aromatisch*
	VRUCHTKEGELS – klein *(den, lariks, berk)*	• *laat kleine vruchtkegels heel.* • *breng etherische olie direct op de kegels aan, ze dienen zowel als fixeer als ter decoratie*
GROEN, NAALDEN EN KNOPPEN	VRUCHTKEGELS – grote *(den, ceder, sparsoorten)*	• *grote vruchtkegels kunnen in hun geheel dienen als decoratie, of breek ze in stukken of losse schubben* • *gebruik de geurige delen van de den, spar of andere groenblijver voor een fraai accent in winterpotpourri*
VARENS		• *kantachtig, verfijnd, fraai van vorm, lang of soepel – varens zijn een veelzijdig potpourri-ingrediënt*
HARS	WIEROOKHARS	• *geharde hars van de bast van de Boswellia thurifera-boom, ingrediënt van bijbelse en Egyptische parfums; wierookhars is ook extra fixeermiddel*
	MIRRE	• hars met oosters aroma die net als wierookhars bijbelse wortels heeft; mirre dient ook als fixeer
GRASSEN	VETIVER	• dit lange, sierlijke gras is zowel een mooi als een geurig potpourri-ingrediënt; licht aromatische, aardse geur, ideaal voor houtachtige mengsels; de etherische olie is al eeuwenlang een klassiek parfumingrediënt

BLAD, HOUT, MOS, VRUCHTKEGELS, NOTEN, ZADEN, GRASSEN & HARS		
BLAD	BERK	• *kleine, mooie en stevige blaadjes*
	BUXUS	• *donker en fraai*
	EUCALYPTUS	• *schitterende takken met zilverachtig blad*
	HULST	• *goed aan de lucht te drogen; droogt met mooie kleur; doet geplukt in de zomer (met bessen) denken aan feestdagen; klassieke vorm; gemakkelijk verkrijgbaar*
	KLIMOP	• *klassieke vorm en gemakkelijk verkrijgbaar*
	ESDOORN	• *schitterende kleuren in de herfst; hét blad voor herfstmengsels; kleuren van groen tot rood-goud*
	ROOS	• *stevig rozenblad is met een subtiele geur een klassieker in potpourri's*
	BEREDRUIF	• *ovale groene miniatuurblaadjes; veelzijdig potpourri-ingrediënt zonder eigen geur*
	BEDSTRO	• *kleine langwerpige blaadjes met een langdurig hooiachtig aroma*
KORSTMOS	IJSLANDS MOS	• *veelgebruikt korstmos; grijs en fijn van vorm; goede achtergrond voor potpourri; IJslands mos is een uitstekend fixeermiddel*

BLAD, HOUT, MOS, VRUCHTKEGELS, NOTEN, ZADEN, GRASSEN & HARS		
MOS	PLAT MOS	• *mos wordt vaak gebruikt als potpourri-ingrediënt, want het fixeert en oogt fraai; dit soort mos is alom verkrijgbaar*
PADDESTOELEN	BUISZWAMMEN	• *deze paddestoelen hebben een gladde en een niet-gladde kant; ze zijn kant-en-klaar te koop bij potpourrihandels en zijn een blikvanger in houtachtige en feestelijke mengsels*
NOTEN		• *voor potpourri kunnen vrijwel alle gedroogde noten worden gebruikt; eikels en bitternoot (hickory) zijn heel populair; gebruik hele noten of voeg stukjes dop aan je recepten toe*
WORTELS	GEMBERWORTEL	• *stukjes gedroogde gemberwortel geven oosterse/kruidige mengsels een geurige en interessante toets*
ZAADDOZEN/PEULEN	JUDASPENNING	• *ook wel 'geldplant' genoemd; deze glanzende, doorschijnende zaadpeulen zijn prachtig en vormen de ideale achtergrond voor bloemenarrangementen*
	LOTUS ZAADDOZEN	• *lotuszaaddozen, die lijken op maantjes, zijn bij de meeste speciaalzaken wel te koop; ze zijn rond en overdekt met gaten – heel bijzonder!*
ZADEN		• *dankzij hun geur zijn vooral de zaden van kruiden voor potpourri populair*

Datgene wat vulmiddel kenmerkt en een belangrijke rol in potpourri geeft is kleur, vorm, formaat, geur, aroma en textuur.

Kleur

Wanneer je potpourrimengsels maakt, kan kleur een belangrijke rol spelen in het ontwerp. Of je nu een cadeautje voor een vriend(in) maakt in de blauwtinten van zijn of haar pas opgeknapte kamer, of een uniek mengsel voor een hoekje in je eigen huis, door te spelen met kleur en kleuren te combineren kunt je je potpourri een persoonlijk tintje geven. Beschouw kleur ook als een visuele herinnering aan seizoenen of feestdagen: het rood en groen van Kerstmis, het oranje, bruin en geel van de herfst, het fleurige rood, geel, groen en wit van Pasen, en het intense geel en donkerpaars van zomerbloemen. Kleur roept emoties bij ons op: rood geeft ons een romantisch gevoel, groen is aards, geel geeft een gevoel van welbevinden. Een vuistregel is dat kleuren die in het spectrum dicht bij elkaar liggen goed bij elkaar passen; denk aan tinten rood, geel en oranje, of blauw en violet. Hoe verder de kleuren uit elkaar liggen, hoe dramatischer het eindresultaat. Wanneer je bijvoorbeeld geel en paars of rode en blauwe bloemen combineert, springt dat erg in het oog. Groen is een goede achtergrondkleur, die de kleuren van bloemen met elkaar in evenwicht brengt.

Vorm en formaat

De natuur heeft ons allerlei bloemvormen gegeven om mee te werken. Stel je als je met gedroogd materiaal werkt een vormpalet voor zoals er ook een kleurpalet bestaat. Bloemen kunnen vele vormen hebben. Tot de 'balvormige' behoren rozen, pioenen en anjers. Vingerhoedskruid, ridderspoor, gladiolen en hyacinten hebben een zuilvorm. Madeliefjes, asters, zonnebloemen en strobloemen hebben eenzelfde vorm, evenals 'komvormige' pioenen, camellia en anemonen. Vergeet ook bloemen met 'gebeeldhouwde' vormen niet, zoals tulpen, orchideeën en irissen.

Aan het brede palet van bloemvormen kunnen de lange en soepele grassen worden toegevoegd, evenals dennenappels, ronde bessen of vruchten. Varens met de vorm van een vioolhals voegen een aparte spiraalvorm toe. Je kunt ook zelf experimenteren met vormen. Citrusvruchtschillen kun je in een interessante vorm snijden, schubben van dennenappels kun je afbreken en bladeren schuin doorsnijden.

Vaak bevatten de mooiste potpourri's verrassende combinaties van vorm en formaat. Gebruik een paar grote elementen, zoals een hele vrucht of stokje of dennenappel, om je mengsel een extra dimensie te geven. Reserveer de mooiste grote bloemen voor de afwerking bovenop.

Textuur

Contrasterende texturen voegen een belangrijk element aan potpourri toe. Stekelige distels gecombineerd met tere bloemblaadjes en ruwe stukjes schors naast ronde schijfjes citrus zijn een lust voor het oog.

Geur en aroma

Hoewel de vulling, of het plantaardig materiaal, vooral visueel belangrijk is, voegen plantaardige elementen in potpourri ook een eigen geur toe. De meeste bloemen verliezen tijdens het drogen hun geur, maar het heerlijke aroma van rozen en lavendel blijft toch vrij lang behouden. Kruiden en specerijen, in hun geheel of in de vorm van poeder, zijn ook goede aromaversterkers.

Naast de subtiele aroma's van de vulmiddelen zijn er de intense geuren van etherische oliën (die direct uit planten zijn gedistilleerd) of geur- of parfumoliën (naar voorbeeld van de natuur synthetisch vervaardigde geuren). Geuren zijn te verdelen in vier hoofdgroepen: kruidig of dierlijk (muskus, patchouli, nootmuskaat), bloemen, fruitig of citrus, en munt- of kruidengeuren.

Etherische oliën worden direct uit een bloem of plant gewonnen via een proces dat stoomdistillatie heet. De oliën hebben niet alleen een krachtig aroma, maar bezitten ook geneeskrachtige eigenschappen; sommige helpen tegen vermoeidheid en stress, andere geven kracht of zijn kalmerend. De populairste etherische oliën voor potpourri zijn geranium, lavendel, lelietje-van-dalen, citroenverbena, gardenia, eucalyptus en citronella.

Synthetisch vervaardigde geur- of parfumoliën zijn meestal een combinatie van aromatische toetsen die bijeen zijn gezocht omdat ze goed bij elkaar passen. Hoewel ze vaak geuren uit de natuur nabootsen, heeft de geurindustrie ook een scala aan geuren ontwikkeld die eerder een gevoel dan een geur oproepen: pas gewassen linnengoed, zeewind of zuivere berglucht. Deze speciale aroma's laten zich goed combineren met zomer- of lentepotpourri.

Als je een geur kiest, neem dan een proef met verschillende merken en soorten. Geur is iets persoonlijks, en olie uit de winkel kan variëren qua aroma en qua intensiteit. Vergeet ook niet dat je van etherische olie en geurolie maar een klein beetje nodig hebt, want ze zijn erg geconcentreerd. Begin bij je eigen recepten met kleine hoeveelheden en test de intensiteit van je ingrediënten. Door een olie te kiezen die wat aroma betreft goed bij de vulling past, zet je de eerste stap bij het experimenteren met geur. Weet je eenmaal wat je lekker vindt en kunt verdragen, experimenteer dan met 'gelaagde geur' of meer ingewikkelde parfumoliën. Geurige bloemen en bladeren voegen hun eigen accent toe, evenals kruiden en specerijen. Houd als richtlijn aan: 15 druppels etherische olie per 1 eetlepel iriswortel voor 1 kop vulmiddel in het recept. Wanneer je deze twee elementen vermengt, worden ze gelijkmatig door je potpourri verspreid. Houd flesjes etherische olie wel altijd uit de buurt van kinderen en breng ze nooit direct op je huid aan.

Fixeermiddel zorgt voor blijvende intensiteit en bewaart – of fixeert – de geur van geurolie in potpourri. Fixeer is te koop in vloeibare, gedroogde en poedervorm. Tot de meest gangbare soorten behoren iriswortel (als poeder, korrels of aan een stuk) en IJslands mos, beide te koop in speciaalzaken. Iriswortel wordt gewonnen uit de wortels van de Florentijnse iris. Circa 1 eetlepel iriswortel fixeert de geur van 1 kop gedroogd materiaal.

LET OP: *Iriswortel fixeert niet alleen, maar kan potpourri ook een bestoft aanzien geven. Mensen die daar aanleg voor hebben kunnen er allergisch op reageren. In dat geval zijn cellulosekorrels beter geschikt.*

Cellulosekorrels zullen niet zo gauw een allergische reactie veroorzaken; ze worden gewonnen uit maïskolven. Omdat de korrels vrij sterk absorberen, is het raadzaam bij dit fixeermiddel wat meer geurolie te gebruiken. Cellulosekorrels zijn goedkoop en zijn kant-en-klaar te koop bij dierenwinkels; ze worden gebruikt voor 'de bak' van kleine zoogdieren.

IJslands mos is een korstmos – een mosachtige plant – en is alom verkrijgbaar, onder andere bij bloemisten. IJslands mos is zilverachtig grijsgroen van kleur en oogt kantachtig. Het is een interessant ingrediënt, want het fixeert niet alleen, maar vormt ook een mooie achtergrond.

Andere organische fixeermiddelen zijn vetiver, kalmoeswortel, gemalen benzoë (benjamin), patchouli, ambergris, en in bepaalde recepten dienen specerijen als fixeer. De beste resultaten bereik je met fixeer in fijne poedervorm; verdeel dat gelijkmatig over je potpourrimengsel.

Droogmethodes & -technieken

Drogen aan de lucht

Heb je zelf je ingrediënten verzameld, begin dan vlak na het vergaren met het drogen. De eenvoudigste, goedkoopste en meest gebruikte methode is ongetwijfeld drogen aan de lucht. Het meeste plantaardige materiaal houdt zich hier uitstekend onder.

OPHANGEN IN BOSJES

Deze methode wordt met name gebruikt voor plantaardig materiaal met stengels, zoals bloemen en kruiden. Zoek 4-8 mooie bloemen bij elkaar, verwijder de onderste blaadjes en dep ze droog. Bind de stengels samen met een elastiekje, haal de bloemen, zaadpeulen en stengels met je vingers voorzichtig uit elkaar, zodat alle onderdelen afzonderlijk goed kunnen drogen. Knoop een touwtje aan het elastiekje en hang de bloemen of kruiden hieraan op. Hang de bosjes zodanig ondersteboven aan knaapjes, waslijn of een droogrek dat ze elkaar niet raken; plaats het geheel op een warme, droge, donkere plek, waar liefst goede ventilatie is. De ideale temperatuur om bloemen en kruiden te drogen is 30-50 °C. Onder deze omstandigheden is het meeste materiaal in 4-10 dagen droog. Is de ruimte vochtig, dan zullen de planten gaan rotten voordat ze de kans hebben gehad om te drogen; een ruimte die niet donker genoeg is doet de kleur van de bloemen teruglopen. Een zolder, garage of kast is ideaal. Bloemen zijn klaar wanneer de bloemblaadjes en stengels knisperig aanvoelen. Als de bosjes te groot zijn, zal de binnenkant van de stengels niet kunnen drogen. Vorm ook altijd bosjes van één soort plant, want verschillende soorten drogen in verschillend tempo. Bosjes die hangen te drogen staan decoratief en zorgen voor geur in huis, de schuur of de droogruimte.

(Let op: Drogen aan de lucht is een minder geschikte methode voor grote bloemen die je wilt gebruiken vanwege hun vorm; de vorm gaat er door het drogen op achteruit. Gebruik bij deze bloemen – zoals tulpen – liever droogmiddel.)

Vlak drogen

Bloemhoofdjes, bloemblaadjes of bladeren, of andere ingrediënten die te klein zijn om ze in een bosje op te hangen, kun je drogen op een plat vlak. Je hebt er een rooster, mand of zelfgemaakt droogrek van kippen- of horgaas voor nodig. Spreid het materiaal in een enkele laag uit, zodat de elementen elkaar niet raken; zo drogen ze sneller. Kies een donkere plek uit waar het niet tocht en waar de temperatuur 30-45 °C is. Bloemhoofdjes, bloemblaadjes en bladeren kunnen in 2-3 dagen droog zijn, maar afhankelijk van de temperatuur en het soort materiaal kan het ook wel een week duren. Bewaar het gedroogde materiaal in een luchtdichte glazen of plastic pot of bak. Leg op de bodem daarvan 1 eetlepel silicagel ter bescherming tegen vocht.

Altijd groene planten vragen een iets andere behandeling. Spreid de verse delen (liefst 6-8 stuks) uit in een platte mand of op een rooster of krant, op een plek met een temperatuur van liefst 20-50 °C. Probeer de plantendelen heel te houden tot je je potpourri samenstelt. Vruchten en groenten kunnen aan de lucht worden gedroogd. Je kunt kleine citrusvruchten (citroen, limoen, sinaasappel) in hun geheel gebruiken, want ze kunnen goed worden gedroogd, of de schil in een bepaalde vorm snijden (snippers, slierten, dunne reepjes). Schep om de schil te drogen al het vruchtvlees uit de vrucht en snijd de schil in de gewenste vorm. Spreid de stukjes uit op een platte mand, in één enkele laag. Zet de mand op een plek met een temperatuur van 20-40 °C. Op deze manier kun je ook dunne schijfjes fruit drogen. De meeste vruchten zijn binnen 3 dagen helemaal droog.

Persen

Deze eenvoudige droogmethode is vrijwel altijd toepasbaar, en is eenvoudig en goedkoop. Het enige nadeel van persen is echter de vorm van het eindresultaat; die is tweedimensionaal. Drogen door persen is wellicht geschikt voor bloemen die je als je potpourri klaar is als decoratieve bovenste laag wilt gebruiken.

Als vuistregel geldt dat bloemen die van zichzelf al een platte vorm hebben (zoals viooltjes en kleine madeliefjes) door ze te drogen in een pers niet al te zeer uit vorm raken. Bladeren zijn ook geschikt om te persen, want die zijn al plat. Ga ook in dit geval, net als bij andere droogmethodes, snel na het verzamelen van het materiaal met het drogen aan de slag. Een echte bloemenpers uit een hobbywinkel is ideaal, maar met huishoudelijke voorwerpen die je al hebt gaat het ook: het papier van een oud telefoonboek absorbeert voldoende vocht en het zorgt ook voor het benodigde gewicht.

Pers bloemhoofdjes, stengels en bladeren afzonderlijk: één soort elementen per pagina. De elementen op een pagina mogen elkaar niet raken. Begin achter in het boek en laat telkens zo'n 40 pagina's ongebruikt. Je kunt ruitertjes van plakband of zelfklevende memobriefjes aan de pagina's plakken, of gebruik gekleurde stickers.

Is je materiaal gerangschikt, leg het telefoonboek dan op een warme, droge plek en leg er extra boeken bovenop. De meeste bloemen zijn na 2-3 weken droog.

Drogen met een droogapparaat

Een eenvoudig droogapparaat voor levensmiddelen zal het droogproces versnellen. Droogapparaten zijn uiteraard vooral geschikt voor het drogen van schijfjes vruchten en groente, maar kunnen ook voor bloemen worden benut. Meestal worden instructies bijgeleverd voor het drogen van schijfjes vruchten en groente, en de tijden en temperaturen variëren per apparaat.

Probeer bij bloemen het volgende: leg de bloemhoofdjes op de bladen, altijd met ruimte ertussen en met het bloemhart naar boven gekeerd. Droog de bloemen 1 uur en bekijk het resultaat. Zijn ze niet helemaal droog (knisperig), zet ze dan weer in het apparaat en controleer om het kwartier de vorderingen. Zijn de bloemen helemaal droog, laat ze dan eerst op de bladen afkoelen voordat je er verder iets mee doet.

Omdat je met deze methode snel resultaat boekt, kun je naar hartelust experimenteren met minder traditionele ingrediënten: plakjes komkommer en mango, kleine granaatappels (in hun geheel) en artisjokbloemen.

Drogen met droogmiddel

Bij drogen met een droogmiddel kun je met silicagel of zand plantaardig materiaal uitstekend conserveren en in vorm houden, wat het een ideale methode maakt voor decoratieve elementen boven op je potpourri. Dit is dé methode voor grote, ingewikkeld gevormde bloemen, zoals tulpen, orchideeën, lelies en narcissen waarvan je de vorm als belangrijk element in je potpourri wilt benutten.

SILICAGELKRISTALLEN

Vandaag de dag is dit zonder meer de populairste en effectiefste droogmethode. Hoewel het meer geld kost dan drogen aan de lucht, is de kwaliteit van het eindresultaat er ook naar. Silicagelkristallen zijn alom verkrijgbaar in hobbyzaken, bij bloemisten en soms ook bij drogisten. Ga op zoek naar een soort met een kleuraanduiding: donkerblauwe kristallen betekenen dat ze helemaal droog zijn; roze duidt op nog enig vocht. Grove kristallen kunnen worden fijngemalen in een keukenmachine of koffiemolen; als ze zo groot zijn als suikerkorrels kun je er gemakkelijker mee werken. Vergeet niet je keukenmachine naderhand goed schoon te maken. Let op: Silicagelkristallen kunnen hergebruikt worden door ze simpelweg bij lage temperatuur (ca. 65 °C) een paar uur voor gebruik in de oven te drogen. Neem een luchtdichte plastic bak (liefst maximaal 15 cm diep) en strooi er een laag van circa 2,5 cm kristallen in. Leg de hele bloemhoofdjes die moeten worden gedroogd erop en zorg dat ze elkaar niet raken. Schep langzaam nog meer kristallen over de bloemen; vul alle holtes en openingen en bedek de bloemen uiteindelijk helemaal. Een kwastje kan handig zijn om de kristallen op hun plaats te brengen. Doe voorzichtig! De manier waarop je de kristallen aanbrengt beïnvloedt het gedroogde resultaat. Sluit de bak en laat hem 3 dagen op een warme plek staan. Doe hem dan open en haal er met een theelepel een bloem uit om te kijken of hij droog is. Bloemblaadjes moeten aanvoelen als papier en de stengel moet helemaal droog zijn.

Vergeet niet dat gedroogde bloemhoofdjes teer zijn en door aanraken beschadigd kunnen worden. Bescherm de bloemen met matte spuitlak.

Zand

Drogen in zand is een eeuwenoude methode en is nog steeds effectief en goedkoop, hoewel planten in zand niet zo snel helemaal droog zijn. Gebruik het schoonste en droogste zand dat je kunt vinden. De beste keus is schelpenzand, verkrijgbaar in tuincentra en dierenwinkels, maar met schoon en droog strandzand kan het ook. Neem een ondiepe kartonnen doos en strooi een laag zand van 2,5 cm op de bodem. Leg de bloemen erop (niet tegen elkaar aan!) en bedek ze voorzichtig helemaal met zand. Zet de niet-afgedekte doos op een warme, droge plek en wacht ongeveer 4 weken. Controleer de voortgang na 1 week, na 2 weken enzovoort.

Drogen in de oven

Drogen in de oven, een snelle en gemakkelijke methode, dient te worden gereserveerd voor die materialen waarvan de kleur er niet veel toe doet en die toch gekneusd of verpulverd worden. Zet de oven op de laagst mogelijke stand; verwarm hem voor en zet hem dan uit. Leg het plantaardig materiaal uit op een bakblik (reserveer er desnoods een speciaal bakblik voor, want de geur kan sterk blijven) en schuif het onder in de oven.

Planten drogen snel in de oven, dus houd ze goed in de gaten.

Mengen

Wanneer je geurolie toevoegt aan fixeermiddel, wordt de geur intenser en blijft hij langer behouden. Als richtlijn bij je eigen recepten kun je aanhouden: 15-20 druppels etherische olie vermengd met 1 eetlepel iriswortel per kop plantaardig materiaal (vulling). Vermeng het fixeer-geurmengsel voorzichtig met de bloemen, bladeren, noten, vruchtkegels en andere vulmiddelen. Vergeet niet dat elk ingrediënt voor de vulling helemaal droog moet zijn voordat je gaat mengen. Gebruik voor het vermengen liefst een schaal van glas of keramiek en een metalen lepel.

Als de ingrediënten eenmaal goed zijn vermengd, doe je het mengsel in een afgesloten bak of pot (Tupperware of iets dergelijks) en zet je die ongeveer 1 maand op een donkere, droge plek; schep het mengsel om de dag door elkaar. Kwetsbare ingrediënten raken daarbij niet beschadigd als je ze voor het omscheppen uit de bak haalt.

Extra droge bloemen opbergen

Bewaar je gedroogde materialen altijd in luchtdichte potten of bakken en zet die op een warme, donkere plek. Blootstelling aan licht kan leiden tot verkleuren; blootstelling aan vocht kan leiden tot rot. Voeg een beetje silicagel toe (0,5 theelepel per kop vulmiddel) tegen eventueel toch aanwezig vocht. Zorg ervoor dat er geen gaten in de bak zitten waarin je je materiaal bewaart; dan kruipen er insecten in, die wel van de geurige gezelligheid van potpourri houden. Bewaar gelijksoortige materialen bij elkaar, zodat geuren zich niet vermengen, en maak een aantekening van de inhoud. Bewaar bijvoorbeeld bloemen in de ene bak, vruchtkegels in een andere enzovoort. Grote bloemhoofdjes kun je afzonderlijk in vloeipapier wikkelen. Bewaar je bloemhoofdjes laag voor laag in een bak, leg ze dan allemaal in dezelfde richting, zodat je weet hoe je de bak moet neerzetten.

Neerzetten

Besteed altijd ruim aandacht aan dit belangrijke element van je totaalontwerp. De schaal of bak voor je potpourri doet er veel toe en kan worden gekozen op grond van stijl, kleur of materiaal.

Potpourri dient in een open houder te worden neergezet, zodat het aroma de kamer in kan drijven. Potten, schalen of doosjes die kunnen worden gesloten zijn een pre: wanneer het mengsel niet nodig is kan het worden afgedekt, zodat geur en kleur behouden blijven. Glas, aardewerk, hout en zelfs plastic zijn geschikte materialen om naar op zoek te gaan.

Mandjes zijn leuk, maar onpraktisch, want kleine onderdelen van je mengsel zullen eruit vallen. Maar als je een mandje met fijngeweven stof bekleedt, kun je je potpourri daarmee iets extra's geven. Probeer eens een feestelijke stof in groen en rood voor kerstmengsels, een restje fijne zijde of chintz voor de slaapkamer, of stof met een schelp- of bandanamotief voor een informele noot in de badkamer. Gedecoreerde kartonnen doosjes dienen te worden bekleed met mooi vloeipapier of textiel. Misschien kun je wel een paar decoratieve aardewerken bakjes gebruiken die als vergeten cadeautjes achter in je keukenkastje staan. Of verzamel op vlooienmarkten schatten die je later kunt gebruiken. (Let op: Neem geen metalen bakjes, want het metaal kan een chemische reactie aangaan met gedroogde planten, fixeer en olie, waardoor de geur kan veranderen.) Het bakje dat je kiest kan een aanvulling zijn op je potpourrimengsel en het karakter geven. Wat dacht je van een roodgelakt doosje voor een oosters of kruidig mengsel, een houten schaal voor een klassieke countrymix, een schaal van glimmend koper voor gedurfde combinaties van geel en paars, of van een interessante moderne vorm voor potpourri die uit ongebruikelijke ingrediënten met een aparte vorm bestaat? Schelpen kunnen je van het zijn; ga eens op zoek naar zo'n mooi gewelfde nautilusschelp, of een grote sint-jakobsschelp. Voor de slaapkamer is romantisch of vrouwelijk kristal geschikt.

Je potpourri kan op elke plek een accent zijn: boven op de piano, op de salontafel, in de vensterbank en op een boekenplank.

Andere geurwerkstukken & toepassingen voor gedroogde bloemen

Ben je geïnteresseerd geraakt in deze hobby en ben je er enthousiast voor geworden, dan wil je misschien ook nog eens kijken wat je verder met gedroogd plantaardig materiaal kunt doen. Gebruik potpourrimengsels die je over hebt voor geurzakjes en sachets voor in de linnenkast of voor in schoenen. Een piepklein lapje stof kan een kleine hoeveelheid van je mengsel al in een cadeautje veranderen. Zelfs het achtergebleven stof van een favoriet recept kun je op de bodem van een la of kast strooien voor een heerlijke geur. Een praktische en charmante toepassing van potpourri op basis van hop is een slaapkussentje; vul dat met het mengsel. Gedroogde bloemen zijn een aardige decoratie op pakjes voor verjaar- of feestdagen. Bind bosjes bloemen samen met mooi lint en een naamkaartje, en leg ze in plaats van een gewoon naamkaartje naast de couverts van je dinergasten.

Potpourri bewaren

Probeer te voorkomen dat je potpourri aan direct zonlicht wordt blootgesteld, want gedroogde bloemen en ander plantaardig materiaal kan dan verbleken van kleur. De geur blijft behouden als je de potpourri af en toe afdekt. En fris je mengsel om de 4-6 maanden op door er een paar druppels etherische olie aan toe te voegen en goed te mengen.

Recepten voor potpourri

Hier volgen enkele potpourrirecepten die je thuis kunt proberen. Ze zijn in zes groepen verdeeld: bloemig, houtachtig/kruidig, stemmingsverbeterend, feestelijk/seizoensgebonden, fruitig en oosters/exotisch. Tot de bloemenrecepten behoren traditionele mengsels met bloemblaadjes, knoppen en bloemhoofdjes als hoofdingrediënt, en zoete, bloemige aroma's. Fijne en geurige bladeren brengen het aroma in balans en zorgen voor een levendig gekleurde achtergrond. Bloemenrecepten zijn geschikt voor je eigen huis, maar zijn – mooi verpakt – ook leuke cadeautjes om weg te geven.

Tot de stemmingverbeteraars behoren potpourri's waarvan de ingrediënten bekendstaan om hun kalmerende, opwekkende of stimulerende eigenschappen. Men weet al eeuwenlang wat kruiden en hun aroma vermogen; deze mengsels maken gebruik van de kracht van kruiden en voegen een decoratief element toe.

Feestelijke en seizoensgebonden mengsels bevatten ingrediënten die van oudsher geassocieerd worden met bepaalde feestdagen en spelen daar qua geur op in. Voor Moederdag en Valentijnsdag vormen rozen het vrouwelijke palet en zorgen bloemenoliën voor de geur. Voor de feestdagen in december worden planten en versieringen gebruikt die met dat seizoen zijn verbonden. De herfst biedt een heleboel traditionele materialen die je in potpourri kunt verwerken.

bloemig

stemmingsverbeterend

houtachtig/kruidig

fruitig

oosters/exotisch

feestelijk/ seizoensgebonden

Fruitige mengsels zijn fris: er worden kleurige slierten van de schil van citrusvruchten voor gebruikt, of hele vruchten en vruchtenessences, en ons herfstfruitmengsel is een huiselijke combinatie van de volle geuren van appels en peren. Oosterse/kruidige mengsels ten slotte bevatten specerijen als sterk aromatische boventoon, exotische bloemen en fraaie accenten.

Experimenteer zelf met deze recepten. Vervang het ene ingrediënt eens door het andere om je eigen ideale mengsel samen te stellen. Gebruik materialen die je zelf hebt verzameld en voorbereid, of maak een keus uit de gedroogde materialen die je kant-en-klaar kunt kopen. Onderzoek ongebruikelijke ingrediënten en houders. Bijna elke bloem, elk blad, elk bloemblaadje, elke vrucht of bes kan worden gedroogd. Stel ook je eigen geurcombinaties samen. Een persoonlijke geur kan je eigen aromatische handtekening worden.

Late lente

Dit rijke en kleurige bloemenmengsel doet met zijn geuren en kleuren denken aan stralende lentedagen. De hoofdkleuren zijn oranje en geel, met een toefje donkerpaars.

Ingrediënten

- 3 KOPPEN BLOEMHOOFDJES VAN HIBISCUS *(donkerpaarse en gele bloemen)*
- 1 KOP BLOEMHOOFDJES VAN GOUDSBLOEM *(donkeroranje)*
- 0,5 KOP KESU-BLOEMEN
- 0,5 KOP WITTE BLOEMBLAADJES VAN ORCHIDEEËN
- 2 KOPPEN GROEN PLAT MOS

- 4 DRUPPELS ETHERISCHE GERANIUMOLIE
- 2 DRUPPELS ETHERISCHE ROZENOLIE
- 1 DRUPPEL VANILLEOLIE

Tijd voor traditie

Dit recept maakt gebruik van twee klassieke potpourri-ingrediënten: lavendel en roos. Maar er is een moderne toets aan toegevoegd: een dramatisch contrast met chilipepers – vanwege de kleur en de kruidigheid.

Ingrediënten

- 2 KOPPEN LAVENDEL
- 2 KOPPEN ROZENBLOEMBLAADJES
- 2 KOPPEN RIDDERSPOOR
- 1 KOP GERANIUMBLAD MET CITROENGEUR
- 1 KOP HOP
- 0,5 KOP CITROENSCHIL IN SPIRALEN OF VIERKANTJES
- HANDVOL CHILIPEPERS

- 5 DRUPPELS CITROENOLIE
- 8 DRUPPELS LAVENDELOLIE
- 2 EETLEPELS IRISWORTEL

Zalige zomer

Orchideeën vormen een feestelijke en elegante bloemenbasis. De pasteltinten en diepe geuren staan voor het beste dat de zomer te bieden heeft. Dit weelderige recept is tijdens een zomers weekend een ideaal cadeautje voor je gastvrouw of -heer. Presenteer het in een zilveren schaaltje.

Ingrediënten

- 2 koppen orchideeën
- 2 koppen bloemblaadjes van pioen
- 1 kop bloemblaadjes van zonnebloem
- 1 kop bedstroblaadjes
- 1 kop varenblad als achtergrond

- 3 eetlepels iriswortel (stukjes)
- 5 in silica gedroogde orchideeën als decoratie bovenop
- 5 druppels lelietje-van-dalen-essence of andere krachtige bloemenessence
- 2 druppels gemberolie

Vibrerend violet

Paarse, rode en roze tinten met een frisse appelgeur maken van dit mengsel een kleurige potpourri, die uitstekend geschikt is voor logeer- en woonkamers.

Ingrediënten

- 2 KOPPEN BLOEMBLAADJES VAN ORCHIDEEËN
- 1 KOP AMARANT
- 1 KOP HIBISCUS
- 1 KOP ROZE ROZENBLOEMBLAADJES
- 1 KOP IJSLANDS MOS
- 0,5 KOP JENEVERBESSEN

- 8 DRUPPELS APPELOLIE

Herfstherinneringen

De ingrediënten voor dit recept kun je vergaren als je, wanneer de herfstbladeren op hun mooist zijn, een wandeling maakt door de natuur. Verzamel materialen op grond van hun kleur, vorm en textuur. Een exotisch mengsel van oliën maakt er een warme en zinnelijke mix van, met aardse ondertonen.

Ingrediënten

- 2 KOPPEN FELGEKLEURDE HERFSTBLADEREN
- 1 KOP GEMENGDE EIKELS, NOTEN, ZADEN EN DENNEN- OF SPARRENKEGELS
- 1 KOP IJSLANDS MOS
- 1 KOP ORANJE EN GELE BLOEMBLAADJES
- 0,5 KOP BERKENBAST
- 0,5 KOP CEDERHOUTKRULLEN

- 3 EETLEPELS IRISWORTEL
- 2 DRUPPELS SANDELHOUTOLIE
- 2 DRUPPELS CEDERHOUTOLIE

Bedwelmende bossen

Fraaie geeltinten en houtachtige toetsen maken dit mengsel bij uitstek geschikt voor een landelijke woonkamer.

Ingrediënten

- 2 KOPPEN DUIZENDBLAD
- 2 KOPPEN NAALDEN VAN BALSEMBOOM
- 1 KOP LINDE
- 1 KOP CEDERHOUTSCHAAFSEL
- 1 KOP BEREDRUIF
- 0,25 KOP KANEELSNIPPERS
- 0,25 KOP STERANIJS

- 2 EETLEPELS GEMALEN BENZOË

Diep inhaleren – frisse eucalyptusmedley

Fris, pittig en groen. Het eucalyptusblad en de verrassende citrusnoot geven dit recept een modern tintje.

Ingrediënten

- 3 KOPPEN EUCALYPTUSBLAD
- 2 KOPPEN LAURIERBLAD
- 1 KOP ROZEMARIJNNAALDJES
- 1 KOP GEMENGDE SCHORS, IN KLEINE STUKJES
- 1 KOP HELE WITTE AMARANTBLOEMEN
- 1 KOP HOPBLOEMEN
- 1 KOP KLEINE DENNENAPPELS
- 1 KOP FIJNGESNEDEN LIMOENSCHIL

- 5 DRUPPELS LIMOENOLIE
- 5 DRUPPELS JENEVERBESOLIE
- 2 DRUPPELS KRUIDNAGELOLIE

Droom zacht

Dit recept maakt gebruik van ingrediënten die bekendstaan om hun slaapverwekkende uitwerking. Men zegt dat koning George I geregeld een dergelijke potpourri liet maken voor in zijn slaapkamer.

Ingrediënten

- 2 koppen hop
- 1 kop lavendel
- 1 kop gedroogd blad van citroenverbena
- 2 eetlepels gemalen iriswortel
- 2 druppels lavendelolie
- 1 druppel citroenmelisseolie

Extra energie

Den en pepermunt maken van deze potpourri een stimulerend mengsel.

Ingrediënten

- 1 KOP DENNENNAALDEN
- 2 KOPPEN GEMENGDE GEDROOGDE KRUIDEN, O.A. PEPERMUNT, LAURIER, TIJM, BASILICUM EN ROZEMARIJN
- 1 KOP GEDROOGDE BLOEMEN VAN DUIZENDBLAD
- STUKJES CITROENSCHIL

- 3 EETLEPELS IRISWORTEL (STUKJES)
- 2 DRUPPELS LAURIEROLIE
- 2 DRUPPELS PEPERMUNTOLIE

Roze romantiek

Dit recept maakt gebruik van traditionele geuren die naar men zegt de andere sekse zouden aantrekken. Muskus is oorspronkelijk een dierlijke geur, gewonnen uit klieren van het muskushert. Moderne varianten zijn synthetisch, maar geven dezelfde aardse, intense zinnelijkheid.

Ingrediënten

- 6 koppen donkerrode rozenbloemblaadjes
- 2 koppen roze rozenknoppen
- 2 koppen artemisiablaadjes
- 1 kop gipskruid
- 3 koppen IJslands mos
- 4 druppels rozenolie
- 4 druppels lelietje-van-dalen-olie
- 4 druppels muskusolie
- 1 druppel vanilleolie

Mama, ik hou van je

Dit mengsel, dat een aantal traditionele potpourri-ingrediënten bevat, is een schitterend en simpel cadeau voor Moederdag – of bedank je moeder op een andere dag.

Ingrediënten

- 2 KOPPEN ROZENBLOEMBLAADJES
- 1 KOP LAVENDEL
- 0,5 KOP BLAD VAN CITROENMELISSE
- 0,5 KOP KAMILLE
- 2 EETLEPELS IRISWORTEL (STUKJES)

- 2 DRUPPELS ROZENOLIE
- 2 DRUPPELS LAVENDELOLIE

Voor Valentijnsdag

Volle en prachtig gekleurde romantische rozen vormen de basis voor een diepe en rijke geur. Gebruik een gevarieerd palet van zowel rozen als rozenknoppen in crème, rood en roze. Dit mengsel streelt het oog evenzeer als het hart.

Ingrediënten

- 2 KOPPEN ROZENKNOPPEN (DIVERSE KLEUREN)
- 3 KOPPEN ROZENBLOEMBLAADJES (DIVERSE KLEUREN)
- 0,5 KOP PATCHOULIBLAD
- 0,5 KOP GEDROOGD MAJORAANBLAD

- 2 EETLEPELS IRISWORTEL (STUKJES)
- 2 DRUPPELS ROZENOLIE
- 1 DRUPPEL JASMIJNOLIE

Heerlijke herfst

Klassieke elementen in de rijke kleuren van de herfst vormen de accenten in deze schitterende potpourri. Kruiden en specerijen die doen denken aan zelfgemaakte gerechten doen je het water bijna in de mond lopen.

Ingrediënten

- 2 koppen salieblad
- 2 koppen basilicumblad
- 2 koppen gekleurde maïskorrels
- 2 koppen oranje en gele bloemblaadjes
- dunne slierten sinaasappelschil
- 1 kop eikels
- 1 kop cranberry's
- 1 kop IJslands mos

- 5 druppels gemberolie
- 5 druppels neroli-essence
- 1 druppel laurierolie

Decembervreugd

Verschillende texturen gecombineerd met krachtige aromatische en visuele elementen maken van dit feestelijke recept een geurige toevoeging aan de gezellige decembermaand. Experimenteer voor een persoonlijke variant met niet-plantaardige elementen: goudpoeder maakt potpourri extra feestelijk, of bind een goudkleurig lint om een paar kaneelstokjes en gebruik deze als decoratie. Je kunt ook glitter toevoegen door kleine kerstballen naast de granaatappels te leggen.

Ingrediënten

- 6 kleine dennenappels
- 4 grote hulstbladeren
- 4 kaneelstokjes
- 2 koppen altijdgroene heester
- 0,5 kop IJslands mos
- 0,5 kop laurierbesblad
- 0,25 kop kaneelsnippers
- 1/8 kop pimentbessen
- 1/8 kop gekneusde nootmuskaat

- 4 druppels sparolie

Citruscircus

Dit verrukkelijke mengsel brengt de frisse geur van de zomer binnen. Een bloemig geuraccent verzacht de hoofdgeur. Gele en groene tinten worden geaccentueerd door oranje.

Ingrediënten

- 2 koppen blad van citroenverbena
- 1,5 kop gedroogde citroenschil (gesneden)
- 1 kop gedroogd citroengras
- 4 hele schijfjes citroen
- 4 hele schijfjes limoen
- 0,5 kop gedroogde limoenschil (kleine stukjes)
- 0,5 kop gedroogde sinaasappelschil (kleine stukjes)
- 0,5 kop gedroogde goudsbloemen
- 0,5 kop kleine witte bloempjes

- 5 druppels goudsbloemolie
- 5 druppels limoenolie
- 5 druppels citroenolie
- 2 eetlepels iriswortel (stukjes)

Herfstoogst

Het verwarmende aroma van vruchten en specerijen maakt deze potpourri geschikt om het hele jaar door te gebruiken. Verzamel en droog je materialen in de herfst, zodat je een flinke voorraad van deze compositie kunt aanleggen.

Ingrediënten

- 3 KOPPEN GEDROOGDE APPELSCHIJFJES
- 2 KOPPEN MIDDELGROTE GROENE BLADEREN
- 2 KOPPEN IJSLANDS MOS
- 0,5 KOP GEDROOGDE STUKJES PEER
- 0,25 KOP GEKNEUSDE KANEEL
- 0,25 KOP GEKNEUSDE VANILLE
- 0,5 KOP HELE KRUIDNAGELS

Prikkelend en pittig

De warme tinten van sinaasappel geven deze onconventionele mix een stralend aanzien. Het intense citrusaroma met een vleugje kruidnagel zal je kamer vullen met een warme, zinnelijke geur.

Ingrediënten

- 4 HELE KLEINE GEDROOGDE SINAASAPPELEN
- 2 KOPPEN LAMPIONPLANT
- 2 KOPPEN SINAASAPPELSCHIL, IN SPIRALEN
- 2 KOPPEN ORANJEBLOESEM
- 1 KOP HELE NOOTMUSKAATNOTEN
- 1 KOP BUXUSBLAD
- 0,5 KOP STERANIJS

- 3 EETLEPELS IRISWORTEL
- 1 GERASPTE MUSKAATNOOT
- 1 THEELEPEL KRUIDNAGELPOEDER

- 10 DRUPPELS GEMBEROLIE
- 10 DRUPPELS SINAASAPPELOLIE

Ja voor jasmijn

Jasmijn heeft een krachtige geur en geeft een gevoel van luxe. Zet dit heerlijke en gedurfde mengsel eens in je slaapkamer neer, in een bakje van oosters aardewerk.

Ingrediënten

- 3 koppen jasmijnblaadjes
- 2 koppen rozenknoppen
- 0,5 kop hibiscusbloemen
- 0,5 kop mirre
- 0,25 kop verkruimelde kaneel
- 0,25 kop sandelhoutsnippers
- 1 steranijs
- gekneusde sinaasappelschil, in smalle slierten

- 3 druppels jasmijnolie
- 2 druppels sandelhoutolie
- 1 druppel rozenolie

Exotica

De exotische oliën die voor deze fraai ogende potpourri zijn gebruikt, maken dit mengsel nog aantrekkelijker. Laat je meevoeren door deze weelderige geuren!

Ingrediënten

- 4 koppen gemengde witte en gele bloemblaadjes (wat je in huis hebt)
- 2 koppen geurig geraniumblad
- 1 kop IJslands mos
- 0,5 kop rozenbottels

- 1 theelepel kruidnagels
- 1 druppel patchouli-olie
- 2 druppels ylang-ylangolie
- 2 druppels narcisolie
- 2 eetlepels iriswortel (poeder)

- Als je veel gedroogde vruchten hebt gemaakt of gekocht, kun je ze 's zomers het best koel bewaren (zelfs in de koelkast of vriezer). Zo kunnen er geen insecten bij komen.

- Droog je bloemen of kruiden met stengels, hang ze dan in je keuken of hobbykamer. Zo kun je ze tijdens het droogproces in de gaten houden – en ze vormen een fraai decoratief accent.

- Bewaar planten en vruchten die je over hebt in aparte afgesloten plastic zakken. Je kunt ze vrij lang bewaren, maar de aroma's kunnen zich met elkaar vermengen en teruglopen als je ze bij elkaar opbergt.

- In de woonkamer kun je snel en gemakkelijk voor een lekker geurtje zorgen door etherische olie aan te brengen op een mandje met dennenappels die je tijdens een wandeling verzameld hebt. Met maar een paar druppels wordt je decoratieve verzameling een geurige en simpele potpourri!

- Voorzie bakjes en dozen waarin je materiaal droogt van een etiket. Droog verschillende materialen niet bij elkaar; ze drogen in verschillend tempo, en de aroma's kunnen zich vermengen.

- Laat je potpourri glinsteren door er kralen, pailletten of zelfs kleine stukjes lint of speelgoedjes aan toe te voegen. Je kunt je mengsel op allerlei grappige manieren een persoonlijk tintje geven.

Basis-benodigdheden

Etherische oliën

•

Decoreren, bewaren & schoonmaken

•

Zelf planten kweken

•

Woordenlijst van termen en technieken

•

Adressen

•

literatuur

Etherische oliën zijn natuurlijke stoffen die worden gewonnen uit grassen, bloemen, kruiden, heesters, bomen, harsen en specerijen, meestal door middel van stoomdistillatie. Oliën kunnen kalmeren, ontspannen, verkwikken, helen, energie geven of pijn verlichten, doordat ze inwerken op lichaam, geest en emoties. Deze toepassing van oliën wordt traditiegetrouw aromatherapie genoemd.

TIPS VOOR VEILIGHEID

- Etherische oliën dienen te worden bewaard in bruinglazen flesjes, op een koele plek waar geen direct zonlicht komt. Bewaar etherische olie nooit in een plastic flesje.
- Bewaar je oliën in de ijskast, doe de flesjes dan eerst in een luchtdicht bakje, zodat etenswaren de geur niet aannemen.
- Bepaalde oliën kunnen als ze koud worden stollen omdat ze veel was bevatten. Leg het flesje als dit gebeurt voor gebruik in een bakje warm water.
- De meeste etherische oliën zijn 2 jaar houdbaar, behalve dennen- en citrusoliën, die na 6 maanden in kwaliteit teruglopen.
- De kleur van sommige oliën kan in de loop der tijd veranderen; dit heeft geen invloed op de kwaliteit.
- Gebruik geen etherische olie op de huid rondom je ogen.
- Breng etherische olie nooit direct op je huid aan, maar verdun hem eerst (zie hieronder).
- Gebruik etherische olie nooit inwendig, tenzij onder begeleiding van een deskundige.
- Etherische oliën zijn af te raden voor baby's en kleine kinderen en dienen altijd buiten bereik van kinderen te worden bewaard.

Het nu volgende schema omvat de meeste etherische oliën met een korte beschrijving van hun werking. Je kunt de oliën kopen bij reformwinkels en soms ook bij postorderbedrijven.

NAAM/LATIJNSE NAAM	EIGENSCHAPPEN & TIPS
Ajowan *Trachyspermum copticum*	verbetert de bloedcirculatie, tegen spierpijn • ***spaarzaam gebruiken bij gevoelige huid***
Alsem *Artemisia alba*	spierontspannend, verzachtend • ***niet gebruiken bij zwangerschap***
Angelica *Angelica archangelica*	versterkend, herstellend, ankert • ***niet gebruiken in de zon***
Anijs *Pimpinella anisum*	krampverlichtend, bij spijsverteringsstoornissen • ***niet gebruiken bij zwangerschap***
Basilicum *Ocimum basilicum*	kalmerend, spierontspannend, tonifiërend • ***spaarzaam gebruiken***
Bergamot *Citrus bergamia*	huidconditioner, kalmerend, antiseptisch • ***fototoxisch***
Berk *Betula lenta*	spierontspannend, kalmerend • ***niet gebruiken bij zwangerschap***
Cabreuva *Myocarpus fastigiatus*	kalmerend, bevordert alertheid
Cederhout *Juniperis virginiana*	antiseptisch, huidconditioner, deodorant, kalmerend
Cipres *Cupressus sempervirens*	antiseptisch, adstringerend, kalmerend, huidconditioner • ***brandbaar***
Citroen *Citrus limonum*	kalmerend, antiseptisch
Citroengras *Cymbopogon flexuosus*	huidconditioner, kalmerend, spierontspannend, antiseptisch • ***kan huidirritatie veroorzaken***
Citronella *Cymbopogon nardus*	huidconditioner, tegen insecten
Copahu *Copaifera officinalis*	bevordert bloedcirculatie, tegen stress
Cypergras *Cyperus scariosus*	stimuleert de spijsvertering
Den *Pinus sylvestris*	antiseptisch • ***kan huidirritatie veroorzaken***
Dragon *Artimisia dracunculus*	adstringerend
Duizendblad *Achillea millefolium*	tegen littekens
Eucalyptus *Eucalyptus globulus*	antiseptisch, kalmerend, huidconditioner, weert insecten
Galbanum *Ferula galbaniflua*	huidconditioner, spierontspannend
Gember *Zingiber officinale*	adstringerend
Geranium *Pelargonium graveolen*	huidverfrisser, adstringerend
Gomhars *Cistus ladanifer*	huidconditioner
Grapefruit *Citrus paradisi*	kalmerend, adstringerend, huidconditioner
Hyssop *Hyssopus officinalis*	kalmerend, huidconditioner • ***niet gebruiken bij zwangerschap, epilepsie of hoge bloeddruk***
Jasmijn *Jasminum officinale*	verzachtend, kalmerend, antiseptisch
Jeneverbes *Juniperus communis*	ontgift de huid, adstringerend, kalmerend • ***brandbaar***

NAAM/LATIJNSE NAAM	EIGENSCHAPPEN & TIPS
Kajeput *Melaleuca cajuputi*	stimulerend, stemmingsverbeterend, antiseptisch
Kamfer *Cinnamon camphor*	kalmerend, conditioner, spierontspannend • ***niet gebruiken bij zwangerschap of epilepsie***
Kamille, roomse *Anthemis nobilis*	spierontspannend, huidconditioner
Kamille, wilde *Anthemis mixta*	spierontspannend, huidconditioner
Kaneel *Cinnamomum zeylanicum*	huidconditioner, tegen ontstekingen • ***kan huidirritatie veroorzaken***
Kardemom *Elettaria cardamomum*	spierontspannend, huidconditioner, kalmerend
Karwij *Carum carvi*	spierontspannend • ***licht giftig voor de huid***
Komijn *Cumimum cyminum*	stimulerend • ***kan huidirritatie veroorzaken***
Koriander *Corriandrum sativum*	spierontspannend, kalmerend • ***spaarzaam gebruiken***
Kruidnagel *Syzgium aromaticum*	spierontspannend, kalmerend • ***kan huidirritatie veroorzaken***
Laurier *Pimenta racemosa*	stimuleert, geeft energie • ***kan huidirritatie veroorzaken***
Lavendel *Lavandula officinalis*	spierontspannend, huidconditioner, kalmerend, adstringerend
Leptospermum *Leptospermum*	tegen pijntjes, huidgenezend
Limoen *Citrus aurantifolia*	kalmerend, huidconditioner, adstringerend
Majoraan *Origanum marjorana*	antiseptisch, kalmerend
Mandarijn *Citrus reticulata*	kalmerend, adstringerend, huidconditioner
Mimosa *Acacia dealbata*	spierontspannend, huidconditioner, kalmerend
Mirre *Commiphora myrrha*	tegen ontstekingen, verzachtend, antiseptisch • ***spaarzaam gebruiken bij zwangerschap***
Mirte *Myrtus communis*	kalmerend, adstringerend, huidconditioner, spierontspannend
Neroli *Citrus aurantium*	antiseptisch, verzachtend
Niaouli *Niaouli elaleuca viridiflora*	antiseptisch, verzacht geïrriteerde huid, spierontspannend • ***spaarzaam gebruiken***
Oregano *Origanum vulgare*	doet energie toenemen • ***kan huidirritatie veroorzaken***
Palmarosa *Cymbopogon martini*	huidconditioner, kalmerend, verzachtend, spierontspannend
Patchouli *Pogostemon cablin*	tegen ontstekingen, antiseptisch, adstringerend
Peen *Daucus carota*	spierontspannend, kalmerend, huidconditioner
Peper, zwarte *Piper nigrum*	spierontspannend

NAAM/LATIJNSE NAAM	EIGENSCHAPPEN & TIPS
Pepermunt *Mentha arvensis*	verzachtend, antiseptisch, spierontspannend • ***kan huidirritatie veroorzaken***
Petitgrain *Petitgrain bigarade*	tegen angst en stress
Roos *Rosa damascena*	huidconditioner
Roos Otto *Rosa –*	adstringerend
Rozemarijn *Rosmarinus officinalis*	antiseptisch, spierontspannend, kalmerend, huidconditioner • ***niet gebruiken bij zwangerschap of hoge bloeddruk***
Rozenhout *Aniba rosaeodora*	spierontspannend
Salie *Salvia officinalis*	kalmerend • ***niet gebruiken bij zwangerschap of epilepsie***
Sandelhout *(Mysore) Sandalum album*	antiseptisch, verzachtend, kalmerend, adstringerend, huidconditioner
Saussurea *Saussurea costus*	kalmerend
Scharlei *Salvia sclarea*	huidconditioner, adstringerend, kalmerend, spierontspannend • ***niet gebruiken bij zwangerschap; geen alcohol drinken en niet autorijden***
Selderiezaad *Apium graveolens*	tonifiërend
Sinaasappel *Citrus sinensis*	adstringerend, kalmerend, huidconditioner
Sleutelbloem *Centhera biennis*	tegen droge huid en eczeem
Spearmint *Mentha spicata*	verzachtend, adstringerend, kalmerend, spierontspannend • ***spaarzaam gebruiken***
Theeboom *Melaleuca alternifolia*	antiseptisch • ***kan gevoelige huid irriteren***
Tijm *Thymus vulgaris*	antiseptisch, tonifiërend • ***kan huidirritatie veroorzaken***
Vanille *Vanilla planifolia*	verzachtend
Venkel, zoete *Foeniculum vulgare dulce*	spierontspannend, kalmerend, antiseptisch • ***spaarzaam gebruiken***
Vetiver *Vetiveria zizanioides*	verzachtend, verlaagt bloeddruk
Viooltje *Viola*	kalmerend, huidconditioner
Wierook *Boswellia carteri*	huidconditioner, kalmerend
Ylang-ylang *Cananga odorata*	huidconditioner, deodorant, tegen stress
Zanthoxylum *Zanthoxylum alatum*	tegen stress en spanningen
Zwarte bessen *Ribes nigrum*	tegen PMS, bevat veel vitamine C

TIPS VOOR KAARSDECORATIES

Smelt een beetje paraffinewas met hoog smeltpunt in een steelpannetje en gebruik deze als lijm om kralen, uitgeknipte plaatjes of schelpen op de buitenkant van je kaarsen te plakken. Breng de gesmolten was met een kwastje op het oppervlak van de kaars aan en houd de decoratie vast tot de was helemaal droog is. Breng over gedroogde bloemen of bladeren een extra waslaagje aan om de decoratie goed aan het wasoppervlak te laten hechten. Of breng met gekleurde was een subtiel patroon of motief op je kaarsen aan, bijvoorbeeld met een spons of kwastje.

Verwijder telkens als de kaars heeft gebrand ongerechtigheden rondom de pit.

- siersteentjes
- zaden (mosterd, venkel enz.)
- kralen (plastic, glas, metaal)
- namaakparels
- verf (acryl-, gouache-, plakkaatverf)
- marmersnippers
- papieren kleedjes
- glitter
- glitterlijm
- vloeipapier
- origamipapier
- confetti
- draad (koper, zilver)
- schelpen
- kiezelsteentjes
- lint
- sjablonen
- stickers
- afwrijftransfers
- touw
- jute
- gedroogde bladeren
- gedroogde bloemen en bloemblaadjes
- gedroogde vruchten en noten
- gedroogde bonen en linzen
- geraspte citroen-/sinaasappel-/limoenschil
- potpourri
- stukjes schors, vruchtkegels, eikels
- kaneelstokjes
- vanillestokjes
- koffiebonen
- gemalen specerijen (kaneel, curry, kruidnagel, nootmuskaat, komijn, rode peper enz.)

KAARSEN BRANDEN EN BEWAREN

- Zet kaarsen in een kandelaar of op een bord, zodat meubeloppervlakken niet beschadigd worden.
- Smelt een paar druppels was in de kandelaar of op het bord voordat je de kaars erop vastzet.
- Vermijd direct zonlicht om kromtrekken, smelten en verkleuren te voorkomen.
- Knip de pit tot circa 0,5 cm af voordat je de kaars aansteekt.
- Poets het oppervlak van een bekraste of doffe kaars op met een oude panty om hem te laten glanzen en stof te verwijderen.
- Voeg voor extra geur een paar druppels etherische olie toe aan de waspoel rond de pit van een brandende kaars.
- Zet brandende kaarsen niet op de tocht om ongelijkmatig opbranden, wasspetters en druipen te voorkomen.
- Houd gordijnen, gedroogde bloemen en andere brandbare voorwerpen uit de buurt van brandende kaarsen.
- Laat een kaars nooit helemaal opbranden. Blaas hem uit wanneer het stompje nog 2,5 cm lang is.
- Vermijd wasspetters door voordat je een kaars uitblaast je hand achter de vlam te houden.
- Laat een kaars nooit branden zonder dat er iemand bij is.
- Wikkel niet-gebruikte kaarsen als je ze opbergt in een zachte doek of wit vloeipapier.
- Bewaar geurkaarsen in een plastic zak.
- Bewaar niet-gebruikte kaarsen liggend op een koele, donkere plek.

WASSPETTERS EN SCHOONMAKEN

- Bedek het werkvlak waarop je kaarsen maakt (aanrecht, vloer) met plastic zakken of bakpapier. Gemorste was kun je daar na het stollen afpellen en hem hergebruiken.

- Draag als je kaarsen gaat maken kleren die vuil mogen worden. Je voeten, handen, armen en benen dienen zoveel mogelijk bedekt te zijn.

- Maak alle benodigdheden voor kaarsen maken zo snel mogelijk (voordat de was hard wordt) schoon met keukenpapier of oude lappen.

- Als je was op je huid hebt gemorst: houd het lichaamsdeel in kwestie meteen onder koud water. Als de was eenmaal hard is, kun je hem voorzichtig afpellen en je huid behandelen zoals je een andere brandwond zou behandelen. Breng brandwondenzalf of aloëgel aan. Is de plek groter dan een walnoot, ga dan voor verdere behandeling naar de dokter.

- Als je was op het tapijt, meubels of gordijnen hebt gemorst: maak de was hard met een ijsblokje en schraap hem zoveel mogelijk weg met een bot mes. Leg op de resterende was een stuk keukenpapier en beweeg daar een warm strijkijzer overheen, zodat de was door het papier wordt geabsorbeerd.

- Als je was op je kleding hebt gemorst: leg het kledingstuk in de vriezer om de was hard te maken en schraap er daarna zoveel mogelijk af. Leg op de resterende was een stuk keukenpapier en beweeg daar een warm strijkijzer overheen, zodat de was door het papier wordt geabsorbeerd.

- Bewaar niet-gebruikte was kleur bij kleur en wassoort bij wassoort (bijenwas, paraffinewas, hoog smeltpunt, laag smeltpunt) in plastic zakken. Voorzie deze van een etiket waarop de inhoud staat vermeld en berg ze op voor later gebruik.

Zelf planten kweken

Door planten en bladeren te kweken die je later in potpourri kunt gebruiken kun je je zelfgemaakte potpourri een extra dimensie geven. Kweek in je tuin of op de vensterbank aromatische bloemen en kruiden, en maak je potpourri op deze manier nog persoonlijker!

VASTE PLANTEN blijven ten minste 3 jaar in leven, maar de meeste leven langer. Bloeiende vaste planten bloeien gemiddeld 2-3 weken in een bepaalde periode van het jaar.

EENJARIGEN zijn planten die 1 seizoen in leven blijven en maken in die tijd een hele levenscyclus door. De meeste houden van zon en hebben als het niet regent 1 keer per week water nodig. Plant eenjarigen pas als het niet meer vriest.

BOLLEN bevatten alle elementen van de plant, die echter pas na enkele maanden tevoorschijn komen.

TWEEJARIGEN blijven 2 jaar in leven.

Wild Thyme

Chinese Lantern

Rosemary

Marigold

Chervil

NAAM	SOORT	SEIZOEN	PLAATSING/OOGST
AMARANT	eenjarig	zomer	• *veel zon, droge/zanderige bodem*
ANJER	vaste plant	lente/zomer	• *goede afwatering, volle zon*
DUIZENDBLAD	vaste plant	zomer	• *volle zon, droge grond*
FRESIA	bollen	lente/zomer	• *warme dagen/koele nachten*
GERANIUM	eenjarig	zomer	• *veel zon, goede afwatering, warme dagen/koele nachten*
GOUDSBLOEM	eenjarig	zomer/herfst	• *veel zon, gemiddeld vochtig*
HYDRANGEA	vaste plant	zomer	• *volle zon of enige schaduw, vochtige grond met veenmos*
JUDASPENNING	tweejarig	lente	• *deels schaduw*
KORIANDER	eenjarig	lente	• *zon-schaduw, goede afwatering*
LAVENDEL	vaste plant	lente/zomer	• *volle zon, goede afwatering, oogsten zodra knoppen opengaan*
MARGRIET	vaste plant	zomer/vroege herfst	• *volle zon, voedingsrijke grond*
OREGANO	vaste plant	zomer	• *schaduw, gemiddeld vochtig, oogsten voor volle bloei*
PIOEN	vaste plant	zomer	• *volle zon, vochtige/rijke bodem*
RIDDERSPOOR	vaste plant	zomer/vroege herfst	• *volle zon, rijke en vochtige bodem, goede afwatering, oogst als onderste bloemen open zijn en bovenste net kleur hebben*
ROOS	eenjarig	late lente/zomer	• *zonnig met enige schaduw, vruchtbare en vochtige grond*
ROZEMARIJN	vaste plant	zomer	• *zonnig, goede afwatering*
STROBLOEM	eenjarig		• *volle zon, zanderige/droge bodem*
TIJM	vaste plant	zomer	• *zonnig, zanderige grond, oogsten vlak voor bloei*
TULP	bol	lente/vroege zomer	• *voedingsrijke grond, goede afwatering*
VINGER-HOEDSKRUID	tweejarig	late zomer/herfst	• *enige schaduw, zure grond, vochtig*
ZINNIA	eenjarig	zomer/herfst	• *volle zon, goede afwatering, voedingsrijke grond*
ZONNEBLOEM	eenjarig	late zomer/herfst	• *veel zon en vocht*

TIPS & WETENSWAARDIGHEDEN

- Verzamel plantaardig materiaal op een warme dag, nadat de ochtenddauw is verdampt, maar voordat de zon hoog aan de hemel staat.

- Je kunt bloemen in elke ontwikkelingsfase gebruiken: de knop, het hele bloemhoofdje, of de bloemblaadjes. Experimenteer met de diverse stadia van je lievelingsbloemen.

- Pluk uit elk bosje plantaardig materiaal een paar van de mooiste bloemen en conserveer ze in silicagel. Hiermee kun je je potpourri bovenop een finishing touch geven.

- Vergeet niet dat de droogtijden van plantaardig materiaal onderling verschillen. Droog het materiaal altijd soort bij soort, welke methode je ook gebruikt.

- Gebruik voor je recepten alleen volledig droge bloemen, kruiden en andere plantaardige materialen. Door een klein beetje vocht kan potpourri al gaan schimmelen. Test de droogheid door het materiaal in een glazen pot met deksel te doen. Kijk na een paar dagen of je vochtsporen ziet en laat het materiaal zo nodig langer drogen.

- Durf te experimenteren. In potpourri kan zelfs niet-organisch materiaal op creatieve wijze worden gebruikt. Denk voor bijzondere gelegenheden bijvoorbeeld aan glitter, confetti of kralen.

- Begin wanneer je je eigen recepten samenstelt met een geur die dicht bij de geur van de hoofdingrediënten ligt en voeg daar eventueel andere 'geurlagen' aan toe. Begin met eenvoudige combinaties van oliën om te bepalen wat je lekker vindt en wat goed bij elkaar past.

- Je kunt je geuren van tevoren bereiden door de oliën op stukjes iriswortel te sprenkelen en ze zo te laten trekken. Zorg dat je een aantal oliën (met etiket) in huis hebt waarmee je kunt experimenteren.

- Houd tijdens het samenstellen van je eigen mengsels pen en papier bij de hand. Noteer de ingrediënten en de gebruikte hoeveelheden.

- Laat je mengsel voor gebruik ten minste 4 weken trekken op een koele en donkere plek. Schud of roer elke dag.

- Zet je potpourri nooit in de felle zon neer – dan verkleurt hij!

- Je kunt potpourri tijdelijk afdekken om de geur langer te behouden.

- Begint de geur terug te lopen, voeg dan een beetje geurolie en/of specerijen toe om het mengsel weer kracht te geven.

- Kant-en-klaar gekochte oliën lopen, afhankelijk van het merk, sterk uiteen wat betreft intensiteit en geur. Experimenteer met verschillende merken om na te gaan wat je het best bevalt.

- Gooi restjes potpourri en zelfs potpourristof niet weg. Je kunt dit materiaal uitstekend op een andere manier verwerken, bijvoorbeeld in geurzakjes voor in een kast of in schoenen.

*=*Woorden, termen en uitdrukkingen op gebied van kaarsen maken*

•=*Woorden, termen en uitdrukkingen op gebied van potpourri maken*

• **Aromatherapie** De kunst om te werken met aromatische essences (etherische oliën), gewonnen uit bloemen, bladeren, wortels, hout en vruchten. Deze essences kunnen voor diverse therapeutische doeleinden worden gebruikt, bijvoorbeeld als geurmiddel in potpourri, bij massage, ter inhalatie en voor baden. De term 'aromatherapie' stamt uit het Frankrijk van de jaren dertig.

• **Aromatisch** betekent 'met een aroma of geur'. Veel bladeren, bloemen, schorssoorten en andere plantaardige materialen die voor potpourri worden gebruikt verliezen als ze eenmaal gedroogd zijn hun geur.

* **Besnijden** Het oppervlak van een kaars versieren met uitgesneden patronen of motieven.

* **Bijenwas**, gemaakt door honingbijen, is een goudgele wassoort die voor het maken van kaarsen meestal met paraffine wordt vermengd. Bijenwas geeft de was een zoet aroma, maakt deze soepeler (geschikt voor rolkaarsen) en verlengt de brandduur van de kaars. Maar bijenwas is plakkerig en laat moeilijk los uit gietvormen.

* **Bijtmiddel** Chemische oplossing waarmee lont wordt voorbehandeld om het verbrandingsproces te vertragen.

* **Blanke kristallen** worden toegevoegd aan was om het smeltpunt te verhogen, zodat de brandduur van de kaars wordt verlengd. Ook worden bellen aan het wasoppervlak ermee voorkomen. Geschikt voor stormkaarsen.

* **Brandduur** De brandduur van een kaars, die soms wordt uitgedrukt in een percentage, bepaal je door hem te wegen, hem een bepaalde tijd te laten branden en hem opnieuw te wegen (inclusief neergedrupte was). Vervolgens bereken je hoeveel gram er per minuut wordt verbrand of verbruikt. Hoe lager dit percentage is, hoe langer de kaars brandt.

* **Brandpunt** De temperatuur waarbij hars vlamvat.

• **Cellulose** is een fixeermiddel gemaakt van gemalen maiskorrels. Het is een effectief middel, dat vooral geschikt is voor mensen die gauw allergisch reageren op iriswortel.

* **Dompelkaars** Kaars die is gemaakt door een lont herhaaldelijk in gesmolten was te dopen, en die tussen de dompelbeurten door telkens te laten afkoelen en harden. Voor een dompelkaars zijn ongeveer 40 dompelbeurten nodig.

* **Dompelrek** Instrument om met de hand dompelkaarsen te maken. De lont wordt aan twee kanten vastgezet, zodat hij strak in de gesmolten was kan worden gedompeld.

* **Dompelvat** Houder voor de gesmolten was waarin het dompelrek wordt gedompeld.

• **Drogen aan de lucht** Methode om planten voor verwerking in potpourri te drogen. Je kunt bosjes gelijksoortige planten ophangen of het materiaal op droogrekken, bladen of platte manden uitspreiden.

• **Drogen in de oven** Droogmethode voor bepaalde bladeren, kruiden of ander plantaardig materiaal. Houd het materiaal in de oven goed in de gaten, want het gaat snel en kan tot verbranding leiden.

• **Droogapparaat** Keukenapparaat dat meestal wordt gebruikt om vruchten te drogen. Potpourrimakers hebben ontdekt dat het ook handig is om plantaardig materiaal te drogen.

• **Droogmiddel** is materiaal dat het droogproces versnelt doordat het het vocht dat planten, bloemen en kruiden van nature bevatten absorbeert. Droogmiddelen ter voorbereiding van potpourri-ingrediënten zijn o.a. IJslands mos, iriswortel, cellulosekorrels, zand en silica.

* **Druipvrij maken** Kaarsen op het laatst onderdompelen in was met een hoger smeltpunt dan de rest van de was. Zo geef je je kaars een buitenste laag die langzamer brandt dan de was erbinnen. De gesmolten was binnenin krijgt niet de kans te gaan druipen, doordat hij sneller opbrandt. Zo'n extra laagje staat ook mooi bij gerolde kaarsen.

•* **Etherische olie** De zuiverste vorm van geurstof, gewonnen uit bloemen, vruchten, bladeren enz. Oliën zoals jasmijn, roos, laurier of sandelhout worden gebruikt om de geur van potpourri te versterken. Etherische oliën zijn in de winkel te koop, maar kun je ook zelf maken via een eenvoudige distillatiemethode. Etherische oliën vormen eveneens de basis van aromatherapie.

* **Fantasiekaars** Onconventionele kaars met een onregelmatige vorm.

• **Fixeermiddel** Materiaal dat de geur aan het vulmiddel helpt te binden ('fixeren') door etherische oliën te absorberen en vast te houden. Er bestaan secundaire of 'zwakke' fixeermiddelen, zoals gomhars (mirre, wierook en benzoë). Sommige wortels en zaden kunnen ook als fixeer dienen (koriander, vetiver). Vroeger gebruikte men dierlijke producten als fixeer (ambergris, muskus), maar tegenwoordig gebeurt dat bijna niet meer. De meest gebruikte moderne fixeermiddelen zijn iriswortel, gewonnen uit de Iris florentina, IJslands mos en cellulose (gewonnen uit maïskolven).

* **Gegoten kaars** Een kaars gemaakt door gesmolten was in een gietvorm of houder te gieten.

* **Geklopte was** Was die met een vork schuimig is opgeklopt. Kaarsen die hiervan zijn vervaardigd lijken op cakeglazuur of sneeuw.

* **Geperste kaars** Kaars gemaakt door korrels was in gietvormen te strooien en aan te drukken. Geperste kaarsen zijn gemakkelijker uit gietvormen te halen dan kaarsen van gesmolten was.

* **Gesmolten was** Was die na verhitting vloeibaar is geworden.

* **Getrokken kaars** Moderne manier om kaarsen te maken waarbij je een lont door gesmolten was trekt om heel dunne kaarsen te maken, zoals voor op een verjaardagstaart.

•* **Geurmiddel** Een van de drie hoofdingrediënten van potpourri (naast vul- en fixeermiddel). De geurcomponent van potpourri bestaat uit etherische en geuroliën, en door de eigen aroma's van sommige plantaardige materialen (ze behouden na drogen niet allemaal hun geur).

• **Geurzakjes** voor linnenkast zijn met potpourri gevulde zakjes bedoeld om een kast vanbinnen lekker te laten ruiken. Vaak zijn ze gevuld met een motwerend mengsel van kruiden en bloemen.

* **Gieten** Manier om kaarsen te maken waarbij een tijdelijke vorm of wegwerpvorm zoals zand, klei, een eierschaal of pompoen als gietvorm dient. Kaarsen die zijn gegoten zijn soms slechts eenmalig te gebruiken.

* **Gietklei** Soort boetseerklei waarmee je gaten en naden in gietvormen voor kaarsen voor het gieten afdicht.

* **Giettemperatuur** De temperatuur waarbij de was in een gietvorm of houder dient te worden gegoten, of die hij dient te hebben bij dompelen.

* **Glanskristallen** Toevoeging aan was waardoor de was hard wordt en het smeltpunt wordt verhoogd, zodat de kaars langer brandt. Ook wordt de was er stralender van en wordt de kleur levendiger.

WOORDENLIJST VAN TERMEN EN TECHNIEKEN

* **Houderkaars** Kaars waarbij de gesmolten was in een houder wordt gegoten (glazen pot, emaillen bakje, aluminium blikje). De houder blijft deel uitmaken van de kaars.

* **Kaarsensnuiter** Instrument in de vorm van een hoedje aan een steel waarmee een kaarsvlam kan worden gedoofd.

• **Korstmos** Mosachtige substantie bestaande uit twee samenlevende organismes, algen en schimmels. Korstmos groeit vaak op boomtakken en kan heel goed aan potpourrimengsels worden toegevoegd vanwege de textuur en houtachtige uitstraling. IJslands mos is een korstmos en wordt veel als fixeermiddel gebruikt.

* **Lonthouder** Deze houdt de lont op zijn plaats bij de vervaardiging van dompelkaarsen.

* **Lont-met-ijzerdraad** Soort lont die wordt gebruikt voor votief- en houderkaarsen. De kern van de lont is van ijzerdraad, zodat de lont bij het gieten vanzelf recht blijft staan.

* **Microkristallijne was** is een geraffineerde toevoeging aan was die de levensduur van de kaars of adhesie van de was bevordert. Bruikbaar voor een laatste afwerklaag bij dompelen.

* **Oppoetsen** dient om het oppervlak van een kaars te laten glanzen of krassen te verwijderen. Een oude panty is hiervoor heel geschikt.

* **Paraffinewas** is een bijproduct van de aardolie-industrie en is de meest gebruikte wassoort voor kaarsen. Er bestaan verschillende types, met verschillende smeltpunten: hoog, gemiddeld en laag.

* **Pithouder** Een vierkantje of rondje van zacht metaal waarin de lont wordt vastgeklemd; pithouders voorkomen dat de lont, wanneer de gegoten was wordt toegevoegd, van zijn plaats raakt.

* **Plat gevlochten** Soort lont gebruikt voor diner- of kleine stomp- en blokkaarsen. Te koop in verschillende maten, die worden bepaald door het aantal gevlochten draden. Welke maat je gebruikt hangt af van het soort kaars.

* **Primen** Voordat je een kaars kunt maken, dient de lont te worden geprimed (ofwel: te worden verzadigd met was), zodat er geen lucht in blijft zitten.

• **Reukbal** Een reukbal of pommander is een bal met een inhoud van gedroogde bloemen, kruiden en/of specerijen, die kan worden opgehangen. Reukballen waren vooral in de 19e eeuw populair en werden oorspronkelijk gebruikt om infecties te voorkomen. Klassieke reukballen bestaan uit een gedroogde sinaasappel of andere citrusvrucht waarin kruidnagels zijn gestoken. Je kunt zelf een decoratieve bloemenreukbal maken door gedroogde bloemen op een ronde vorm te bevestigen (steekschuim).

* **Rolkaars** Kaars die is gemaakt door een vel bijen- of paraffinewas rond een lont te rollen.

• **Ruikertje** Een persoonlijk boeketje van gedroogde bloemen. Oorspronkelijk werden ruikertjes gebruikt door 19e-eeuwse dames om de kwalijke geuren van het drukke stadsleven te weren. Het woord 'ruiker' is inmiddels een vrij ouderwets synoniem voor 'boeket' geworden.

• **Sachet** Kussentje of buideltje van stof gevuld met geurige potpourri, voor een lekker luchtje in een linnenkast of lade.

• **Silica** is een mineraal dat in de vorm van absorberende kristallen wordt gebruikt als droogmiddel voor vers plantaardig materiaal. Bij drogen met silica blijft de vorm van bloemen na het drogen optimaal behouden. Silicakristallen geven soms met een kleurindicatie precies aan wanneer het plantaardig materiaal droog is. De kristallen kunnen opnieuw worden gebruikt door ze eenvoudig warm te maken in de oven.

* **Siliconenspray** of mould-release spray wordt gebruikt om een gietvorm voor kaarsen voor te bereiden. Uit een hiermee

ingespoten gietvorm laat een gegoten kaars naderhand gemakkelijker los.

* **Smeltpunt** De temperatuur waarbij was smelt. Verschillende wassoorten hebben verschillende smeltpunten.

* **Snuiten** Het afknippen van de pit van een kaars, zodat hij niet meer walmt.

* **Stearinezuur** Veel gebruikte toevoeging bij het kaarsen maken die het smeltpunt van paraffinewas verlaagt en de kaars uiteindelijk harder maakt, zodat hij minder snel breekt of buigt. Ook wordt de paraffinewas er ondoorzichtiger van.

* **Stokje voor de lont** Stokje of ander voorwerp waaraan de lont wordt bevestigd en dat over de opening van de houder wordt geplaatst. Het houdt de lont op zijn plaats wanneer de gesmolten was wordt gegoten. Een potlood, eetstokje of metalen kleerhanger kan dezelfde functie vervullen.

* **Stompkaars/blokkaars** Dikke, ronde en rechte kaars, die vanboven stomp of helemaal vlak is. Kaarsen die een vierkante, ovale of zeshoekige vorm hebben, noemt men meestal blokkaarsen. Soms hebben deze zelfs meer dan één pit. Stomp- en blokkaarsen hoeven niet altijd in een kandelaar te worden geplaatst; ze worden vaak op een speciale schotel of plateautje gezet.

* **Stormkaars** Type kaars met een buitenste holle schil van was, meestal gedecoreerd met gedroogde vruchten, bloemen of bladeren. Deze schil wordt gevuld met was of met een votiefkaars. Alleen de binnenste kaars, die als hij is opgebrand kan worden vervangen, brandt, zodat de buitenste schil intact blijft.

* **Synthetische polymeren** Toevoegingen bij het maken van kaarsen die de was stralender en doorschijnender maken, het smeltpunt verhogen, de was meer of minder soepel maken en er ook voor kunnen zorgen dat de kaars gemakkelijker loslaat uit de gietvorm.

* **Taps toelopende kaars** Lange kaarsen die traditioneel door middel van de dompelmethode werden vervaardigd. Ze hebben in de regel aan de onderkant een diameter van zo'n 2 cm.

* **Vierkant gevlochten** Soort lont die vooral wordt gebruikt voor kaarsen die worden gegoten en voor grote stompkaarsen.

• **Vochtige potpourri** De voorlopers van moderne potpourri waren potten met geurige mengsels van bloemblaadjes (traditioneel rozen), specerijen en zouten. Ze bleven merkwaardig lang goed (sommige wel tientallen jaren), maar de mengsels zagen er niet uit: soppig, een grauwe vloeistof waarin stukken ronddreven. Dit was de oorspronkelijke pot pourri, Frans voor 'rotte pot'.

* **Votiefkaars** Kleine kaars met een lont-met-ijzerdraad, die geen kandelaar nodig heeft. Votiefkaarsen zijn vaak niet langer dan 5-10 cm en passen in kleine houders en kleine ruimtes.

• **Vulmiddel** De 'massa' of basis van een potpourri, bestaande uit bloemhoofdjes, knoppen, bloemblaadjes, bladeren, grassen, vruchtkegels, noten, bessen, stukjes hout, vruchten, paddestoelen en mossen. Aan vulmiddel wordt fixeer toegevoegd, de stof die de geur bindt aan het plantaardig materiaal en de etherische of geurolie, die voor de geur zorgt.

* **Waspoel** De gesmolten was rond de pit van een brandende kaars.

* **Wasvel** Was in de vorm van een vel, als van papier. Deze vellen bestaan meestal uit zuivere bijenwas, maar combinaties van bijenwas en paraffinewas komen ook voor.

HANDIGE INTERNETADRESSEN

Bloemistengroep Fiorito:
www.fiorito.nl

Hobbymaterialen:
www. kippers.nl

Hobbymaterialen:
www.kars.nl

Hobbymaterialen:
www.kreanet.nl

Kaarsen:
www.wwc-kaarsen.nl

Kaarsen:
www.wwc-kaarsen.demon.nl

Materialen kaarsen maken en cursussen:
www.gilde.com

Links en adressen:
www.hobbyblad.nl

LEVERANCIERS
Kijk in de Gouden Gids onder 'Kaarsen' of neem contact op met een van de volgende adressen:

Kramer
Reestraat 20
1016 DN Amsterdam
tel. 020-626 52 74

Middelink bv
M. Wiboutstraat 25
Apeldoorn

Twinkel
Steenstraat 83A
6828 CG Arnhem
tel. 026-443 20 23

Geels
Begijnenstraat 14
Beverwijk

Huls bv
Gildenstraat 5
7005 BL Doetinchem
tel. 0314-36 06 37

Kaarsenmakerij De Veluwe
Oranjeweg 93
Emst
tel. 0587-66 16 32

Kaarsenboutique 't Keldertje
Achter de Kerk 9H
Gouda

Candlelight
Donkere Spaarne 24
Haarlem
tel. 023-532 64 45

W. Eldorado bv
Einderstraat 61
Kerkrade

Kaarsenhuis Ambacht
Lindenlaan 25
Nuenen
tel. 040-283 67 66

De Snuiter
Schoolstraat 4
Orvelte
tel. 0593-32 23 74

Otje van Potje bv
Spoelerstraat 18
Rijssen

Ruuds Waskit
Donkerstraat 23
Utrecht
tel. 030-231 35 58

Geerlings bv
Nieuwstraat 18
Venlo

De Kaarserij BV
Langstraat 49
Weert
tel. 0495-53 55 34

Divers materiaal en gereedschap:
Gildewerk bv
Mauritsstraat 11
Haarlem
tel. 023-532 22 55

Sellacq
Lammerweg 20
Sellingen
tel. 0599-32 64 50

Bezoek in Vlaanderen De Banier op de volgende adressen:

Kipdorp 30
Antwerpen
tel. 03-231 07 95

Langestraat 85
Brugge
tel. 05-033 86 51

Kolenmarktstraat 85
Brussel
tel. 02-511 44 31

Kwaadham 26
Gent
tel. 09-225 94 86

Vaartstraat 14
Hasselt
tel. 011-23 14 89

J.P. Minckelerstraat 17
Leuven
tel. 016-22 77 65

O.L. Vrouwestraat 4-6
Mechelen
tel. 015-41 02 34

Delaerestraat 16
Roeselare
tel. 051-24 35 11

Warandestraat 97
Turnhout
tel. 014-42 15 13

POTPOURRI

Kijk in de Gouden Gids onder 'Bloemen en planten' of 'Tuincentra'. U kunt ook contact opnemen met een gespecialiseerd bedrijf of kruidentuin in uw omgeving. Voorts kunt u in botanische tuinen, kasteeltuinen, buitenplaatsen en heemtuinen meer te weten komen over planten en kruiden. Bij veel bloemisten en winkels voor interieuraccessoires zijn kant-en-klare potpourrimengsels en -ingrediënten te koop.

ETHERISCHE OLIËN

Aroma Vera BV
Antwoordnummer 1462
1300 VE Almere
Internet: www.aromavera.nl/

Namaste Import/Groothandel
Middelweg 61-63
3956 TK Leersum
tel. 0343-4549 67

Great Spirit
1e Boomdwarsstraat 10
1015 NC Amsterdam
tel. 020-6243381

LITERATUUR

Rodolphe Balz, *Etherische oliën en geneeskrachtige essences.* De Schors, Amsterdam, 1995

Stephanie Donaldson, *Geschenken in geuren en kleuren.* De Lantaarn, Amsterdam, 1996

Stephanie Donaldson, *De landelijke stijl in huis.* Deltas, Aartselaar, 1996

Rien Lomstra, *Kruidig geschikt.* Terra, Warnsveld, 1993

Simon Lycett, *Decoreren met kaarsen.* Cantecleer/Tirion, Baarn, 1999

Paul Marko, *Kaarsen: creatieve decoratietechnieken.* ZuidBoekprodukties, Lisse, 1999

Jekka McVicar, *Alles over kruiden.* Schuyt & Co, Haarlem, 1997

Gabriel Mojay, *Aromatherapie.* Kosmos Z&K, Utrecht, 1997

Christien Mulder, *Kaarsen maken: het basisboek.* Tirion, Baarn, 1999

Gloria Nicol, *Sfeer met kaarsen.* Lannoo/Van Dishoeck, Houten/Tielt, 1996

Roger Philips & Nicky Foy, *Kruiden; zelf kweken, zoeken en gebruiken.* Het Spectrum, Utrecht, 1995

Sue Spear, *Kaarsen: ontwerpen, maken, versieren.* De Lantaarn, Amsterdam, 1997

REGISTER